Friedrich Wilhelm Emil Roth

Die Buchdruckereien zu Worms a. Rhein im XVI. Jahrhundert

und ihre Erzeugnisse

Friedrich Wilhelm Emil Roth

Die Buchdruckereien zu Worms a. Rhein im XVI. Jahrhundert
und ihre Erzeugnisse

ISBN/EAN: 9783744626071

Hergestellt in Europa, USA, Kanada, Australien, Japan

Cover: Foto ©ninafisch / pixelio.de

Weitere Bücher finden Sie auf **www.hansebooks.com**

Die
Buchdruckereien zu Worms a. Rhein
im XVI. Jahrhundert
und ihre Erzeugnisse

historisch-bibliographisch bearbeitet

von

F. W. E. Roth,

Archivar a. D.

Vereinsgabe des Wormser Alterthumsvereins.

Worms.
Selbstverlag des Vereins.
1892.

Alle Rechte vorbehalten.

Halle a. S. Druck von Ehrhardt Karras.

Vorwort.

Als ich mich in den Jahren 1887—1891 mit den Drucken Jacob Koebels zu Oppenheim[1]) und der Familie Schoeffer seit 1503 zu Mainz, Worms, Strassburg und Venedig beschäftigte und einige Hundert diesen Druckern angehörige Druckwerke des XVI. Jahrhunderts prüfen und beschreiben musste, kam ich bei Durchmusterung von Sammelbänden auch auf Wormser Drucke. Diese Erzeugnisse typographischer Thätigkeit zu Worms boten des Anziehenden und Werthvollen für Literaturgeschichte und Buchdruck so viel, dass ich eingehender mit der Bibliographie derselben fürs XVI. Jahrhundert mich befasste und nach solchen Drucken in den Bibliotheken Deutschlands persönlich oder durch briefliche Anfragen Umschau hielt. So entstand die nachstehende Monographie über die Wormser Druckereien des XVI. Jahrhunders, welche an dem Vorstande des Wormser Alterthumsvereins, namentlich an Herrn Gymnasiallehrer Dr. Weckerling, als Vorstand des nach so kurzem Bestande aus kleinen Anfängen aufgeblühten St. Paulusmuseums zu Worms, einen Gönner fand, der das Unternehmen in jeder Beziehung förderte. Bis vor Kurzem war selbst

---

1) vgl Die Buchdruckerei des Jacob Koebel zu Oppenheim. Viertes Beiheft zum Centralblatt für Bibliothekswesen.

in Worms nicht bekannt, dass diese Stadt blühende Druckereien im XVI. Jahrhundert besass, deren Erzeugnisse von Bedeutung für die deutsche Literatur geworden isnd. Ich erinnere hier nur an die Ausgaben der Wormser Prophetenübersetzung der Wiedertäufer, die Wormser Bibel, die Ausgaben der Mörin, des Freidank, welche entweder als erste Ausgaben oder mehrfach in Worms erschienen. Erst als Herr Major von Heyl, der das Paulusmuseum begründet und demselben 1883 eine bedeutende Lutherbibliothek gestiftet hatte, mit Herrn Dr. Weckerling bei Antiquaren alle erreichbaren Wormser Drucke für das St. Paulusmuseum aufkaufte, entstand eine prächtige Grundlage für die Bibliographie derselben. Bisher waren Wormser Drucke vereinzelt in bibliographischen Werken genannt und beschrieben worden, eine eingehende Gesammtwürdigung derselben fehlte, von dem Leben der Drucker wusste man nichts als einige zerstreute Nachrichten oft sich widersprechender Art. Man sehe nur die vagen Bemerkungen H. Klemms in dessen Katalog S. 54 über Peter Schoeffer den Jüngeren, die häufig wiederholte Bemerkung, dass derselbe überhaupt kein selbständiger Drucker gewesen, sondern für das Geschäft seines Bruders Johann arbeitete, die schwankenden Angaben, wann Schoeffers Verlag zu Worms begann und endete.

Die alte Reichsstadt Worms bot im XVI. Jahrhundert in ihren Mauern auch eine Blüthe der Wissenschaft. Das seit 1527 bestehende Gymnasium beschäftigte zahlreiche wissenschaftliche Kräfte; Männer wie der Arzt Eucharius Rösslin, der Theologe Leonhard Brunner, der Arzt, Botaniker und Balneolog Tabernaemontanus der Verfasser des Wasserschatzes, der Satyriker Caspar Scheidt der Lehrer des grossen Johann Fischart, der Dichter Johann Bockenrhodius waren aus Worms oder in Worms ansässig und thätig, auch das Auftreten der Wiedertäufer Hätzer, Kautz und Denk kommt durch ihre Schriften hier in Betracht. Melanchthon war mehrfach zu Worms anwesend und wirkte auf das dortige Schulwesen ein. Dieses Alles war Stoff für thätige Druckereien über genug. Ward Worms auch keine Stadt von literarischem Uebergewicht, so gebührt ihr doch die Ehre, zu der Aufbauung der Literatur des XVI. Jahrhunders ihr ehrliches Wirken beigetragen zu haben.

Was nun die nachstehende Bio-Bibliographie der Wormser Drucker betrifft, so floss die biographische Quelle sehr spärlich, da weder in dem Wormser Stadtarchiv, noch in den Sammlungen des Wormser St. Paulusmuseums und in dem Darmstadter Haus- und Staatsarchiv nach dort angestellten Nachforschungen historische Anhaltepunkte zu finden waren. So sah ich mich für diesen Theil der Arbeit auf die Vorreden und Schlussworte der Drucke und einiges zertreute Material angewiesen. Anders lag es mit der Bibliographie der Drucke. Auf die Arbeiten von Panzer, Weller und Goedeke liess sich immerhin aufbauen und durch Benutzung der Mainzer Stadtbibliothek sowie anderer Bibliotheken das im St. Paulusmuseum zu Worms vorhandene Material ergänzen. Meine Anfragen beantworteten die Bibliotheksverwaltungen zu Wernigerode, München, Berlin kön. Bibliothek, Hannover, Strassburg Univ.-Bibl., Wolfenbüttel, Jena und das germanische Museum zu Nürnberg aufs Eingehendste, wofür ich diesen Verwaltungen auch hier meinen Dank abstatte. Die Bibliographie der Drucke ward knapp aber hinreichend geliefert und erstreckt sich in den meisten Fällen auf vollständige Angabe des Titels, der Schlussschriften und sonstiger wesentlicher Details. Die einschlägige Literatur ist weniger herangezogen worden und wird man manche Angabe, wo dieser oder jener Druck sonst noch erwähnt, vermissen; es war dieses nicht meine Absicht und lag auch in meinem von jeder grösseren Bibliothek entfernten Wohnort. Die Bibliographie Peter Schoeffers habe ich bereits in meinem Buche: Die Buchdruckerfamilie Schoeffer 1503—1542 (neuntes Beiheft zum Centralblatt für Bibliothekswesen) geliefert, sie erscheint verbessert und vermehrt hier nochmals. Auf die Verfasser, soweit sie Worms angehören und einige Angaben, die die Wormser Verhältnisse erklären, wurde besondere Rücksicht genommen.

Die Wormser Druckereien weiter als 1563 zu führen, wollte nicht gelingen, es scheint, dass nach 1563 hierin ein Stillstand zu

Worms eintrat. Im Anfange des XVII. Jahrhunderts tritt ein Drucker Schneeberger auf, der nicht mehr in den Rahmen des Buchs passte.

Die Drucklegung übernahm der Wormser Alterthumsverein aufs Bereitwilligse, wofür ich demselben sowie Herrn Dr. Weckerling als Förderer der Arbeit auch hier danke.

Geisenheim (Rheingau), 10. März 1892.

Der Herausgeber.

Inhalts-Verzeichniss.

I. Peter Schöffer der Jüngere 1512—1529.

	Seite
1. Biographie Peter Schoeffers des Jüngeren	1
2. Druckwerke Peter Schoeffers des Jüngeren	9
a) Druckwerke mit Angabe des Orts, Jahrs und der Firma	9
b) Druckwerke ohne Angabe der Firma	23
c) Zweifelhafte Drucke	24

II. Hans von Erfurt 1520—1521.

1. Biographie des Hans von Erfurt	27
2. Druckwerke des Hans von Erfurt	28
a) Druckwerke mit Angabe des Orts, Jahrs und der Firma	28
b) Druckwerke ohne Jahrzahl	28
c) Druckwerke ohne Firmaangabe	29

III. Hans Meihel 1529—1530.

1. Biographie des Hans Meihel	31
2. Druckwerke des Hans Meihel	31

IV. Hans Schiesser.

1. Biographie des Hans Schiesser	32
2. Druckwerke des Hans Schiesser	32

V. Sebastian Wagner 1535—1542.

1. Biographie des Sebastian Wagner	33
2. Druckwerke des Sebastian Wagner	33

VI. Gregorius Hofmann 1542—1552.

1. Biographie des Gregorius Hofmann	41
2. Druckwerke des Gregorius Hofmann	42
a) Druckwerke mit Angabe des Orts, Jahrs und der Firma	42
b) Druckwerke ohne Angabe des Jahrs	47

VII. Paul und Philipp Köpphl 1557—1568.

1. Biographie des Paul und Philipp Köpphl 55
2. Druckwerke des Paul und Philipp Köpphl 56
    a) Druckwerke mit Angabe des Jahrs, Orts und der Firma . . 56
    b) Druck ohne Jahresangabe 59

VIII. Nicolaus Bassaeus.

Biographie des Nicolaus Bassaeus 61

Wormser Druckwerke ohne feststellbare Firma 62
Zweifelhafte Wormser Drucke 65

Die Wormser Buchdruckereien im XVI. Jahrhundert.

I. Peter Schoeffer der Jüngere 1512—1529.

1. Biographie.

Peter Schoeffer der Jüngere oder II., Sohn des Peter Schoeffer des Aelteren oder I. und der Christine Fust, war mit einiger Wahrscheinlichkeit um 1460 zu Mainz geboren.[1]) Er scheint ausser seiner Ausbildung als Buchdruck-Verleger und Formschneider gelehrte Bildung namentlich in der Musik erhalten zu haben. Ein Geschäft als Buchdruckverleger hatte er um 1509 zu Mainz im Hause zum Korb begründet und führte dasselbe bis 1523 fort.[2]) Ums Jahr 1512 begründete er ein zweites Geschäft zu Worms. Dieser Schritt war vom geschäftlichen Standpunkte aus keineswegs verfehlt, sondern versprach reichlichen Gewinn. Worms war eine blühende Stadt um diese Zeit, besass aber noch keinen ansässigen Buchdrucker. Die Veröffentlichungen des Reichskammergerichts, des Clerus und der städtischen Behörden waren bisher in Mainz und Speier gedruckt worden. Die Zuwendung solcher Verlagswerke in ihrem von vornherein gesicherten Absatz an einen in der Stadt selbst wohnenden Drucker und Verleger war nicht allein für die Auftraggeber bequemer, sondern auch durch den Wegfall der Geschäftsreisen und des Transports der fertigen Bücher wesentlich billiger. In dieser Hinsicht stand demnach eine reiche periodisch

---

1) vgl. meine Arbeit: Die Buchdruckerfamilie Schoeffer (im neunten Beiheft zum Centralblatt für Bibliothekswesen 1892) S. 113—172. — Ueber Peter Schoeffer handeln: Gedenkbuch der Gutenbergfeier. Mainz 1887. S. 6 (nicht ganz correcte Angaben). — Klemm, beschreibender Katalog S. 54—55. — Catalogue de la bibliothèque de F. J. Fétis acquisé par l'état Belge. Bruxelles libr. C. Muquardt etc. 1877. 8°. S. 208 (über Musikdrucke P. Schoeffers). — Merkwürdigkeiten der Zapfischen Bibliothek II, 374. — von der Linde, Geschichte der Buchdruckerkunst I, 48. — Dibdin, the bibliographical decameron. London 1817. 8°. II, 10. — Kapp, Geschichte des deutschen Buchhandels I, 77. — Archiv für Geschichte des deutschen Buchhandels IV, 30, V, 310. — Faulmann, illustrirte Geschichte der Buchdruckerkunst. Wien 1882. S. 253, 299, 327, 330. — Schaab, Geschichte der Erfindung der Buchdruckerkunst II, 76. — Wetter, Geschichte der Erfindung der Buchdruckerkunst S. 507.

2) vgl. Roth, Buchdruckerfamilie Schoeffer S. 123—130.

fliessende Einnahmequelle in Aussicht. Die Lage der Stadt Worms war um diese Zeit sonsthin bei aller Blüthe des Handels und der Gewerbe eine politisch beunruhigte. Im Jahre 1512, ein Jahr nach Schoeffers Niederlassung zu Worms brach der alte Streit zwischen dem Bischof und dem Magistrat zu Worms wegen Ansprüchen des Magistrats auf die Unabhängigkeit der Stadt vom Bischofe aufs Neue aus. In den Jahren 1513—1514 erregten die Zünfte, jedenfalls beeinflusst von dem Bischofe und dessen Anhängern, unter Führung des Jacob Woensam zwei Aufstände gegen die Geschlechter und den Rath der Stadt Worms, Kaiser Max I. schlichtete bei seiner Anwesenheit zu Worms die Sache, der zweite Aufstand ward von dem Landvogt des untern Elsasses, dem Jacob von Mörsberg, welcher dem Rathe zu Hilfe kam, gedämpft. Einer der damals Geächteten, der Notar des Wormser Bischofs, mit Namen Balthasar Schloer, hatte Forderungen an Wormser Einwohner und trat seine Rechte an den thatenlustigen Franz von Sickingen ab. Dieser ergriff die Gelegenheit, nahm zwischen 1515 bis 1518 Wormser Bürger gefangen, hinderte Handel und Wandel zu Wasser und zu Land, beeinträchtigte den Besuch der Messen, verwüstete das Stadtgebiet, trieb die Heerden der Stadt weg und schädigte die Stadt in jeder Beziehung, bis Kaiser Max I. 1518 einen Vergleich zu Stande brachte.[1]) Zu diesen Unruhen kam der bis vor die Mauern von Worms gedrungene Bauernkrieg 1525.[2]) Unter solchen Umständen lag der Handel insbesondere aber die Thätigkeit der Presse Schoeffers zeitweise brach. Abgesehen von möglichen Verlusten der meisten Wormser Drucke dieser Zeit lieferte Peter Schoeffer von 1512 bis 1525 nur wenige Erzeugnisse. Auch mit den amtlichen Drucken des Reichskammergerichts, des Clerus und der städtischen Behörden sah es um diese Zeit für Schoeffers Geschäft schlecht aus. Kein einziger Druck dieser Art ist aus Schoeffers Presse bekannt. Die Veröffentlichungen des Reichskammergerichts wurden nach wie vor in Mainz bei Johann Schoeffer oder anderwärts gedruckt. Das Wormser Domcapitel liess für die nicht allzu grosse mithin auch nicht solcher Bücher öfter bedürftige Dioezese eine Agende O.J.[3]) und das Wormser Missale 1522 drucken, der Hersteller dieser Drucke war aber Peter

---

1) Becker, Beiträge zur Geschichte der Frei- und Reichsstadt Worms. Worms 1880. Quarto. S. 30—31.
2) Ebendaselbst S. 38.
3) Agenda sed'm ritū 7 ordi | nē ecclesie wormaciensis. | Rothdruck in Missaltype.
Am Ende: Finit feliciter agenda sed'm morem ecclesie wormaciensis. | Quarto, mit den Signaturen a—i v.
Mainz Stadtbibliothek (zwei Exemplare).
vgl. Roth, Buchdruckerfamilie Schoeffer, S. 155.
Jedenfalls ist auch das: Diurnale qua: | dragesimale sed'm ordinem eccle- | sie Wormatiensis, | Holzschnitt Wappen Worms Stift und v. Dalberg . | 12 Blätter in der Vaticana zu Rom ein Erzeugniss Drachs. vgl. Falk im Centralblatt f. Bibliothekswesen 1889, S. 561 (ohne Formatangabe und Festellung des Druckorts und Jahrs).

Drach zu Speier, welcher in der Stadt wohnte und jedenfalls auch Einfluss bei dem Clerus besass, zudem das Geschäft für Herstellung liturgischer Drucke einen grossen Ruf besass. Auch hier hatte somit Peter Schoeffer nur das Nachsehen. Drucke für Wormser Behörden sind aus Schoeffers Presse nicht bekannt, wohl aber liess der Rath eine Auflage der Wormser Reformation bei Peter Drach in Speier drucken.¹) Ob man Peter Schoeffer seitens des Clerus nicht für kirchlich denkend genug ansah, und ihn seitens des Raths nicht für amtlich hielt, wissen wir jetzt nicht mehr, möglich ist aber Beides. So sah sich Peter Schoeffer bis zum Jahre 1527 auf das beschränkt, das ihm der Verkehr mit Gelehrten bot und diese Thätigkeit ist keine bedeutende. Räthselhaft erscheint freilich, warum derselbe zu Mainz und Worms zugleich druckte, an beiden Orten das Geschäft nur mühsam aufrecht erhielt, manchen Verlagsartikel nur zu Worms, den andern in Mainz erscheinen liess. Die Annahme, dass Schoeffer sich nur des Druckorts Worms oder Mainz bediente, um an beiden Plätzen thätig zu scheinen, möchte ich jedoch zurückweisen, da das Bestehen des Geschäfts zu Worms bis 1529 nachzuweisen ist. Ein weiterer Missstand lag in der Zeit selbst. Die Reformationsliteratur beherrschte seit 1521 den Markt, beschäftigte die Gemüther und drängte den wissenschaftlichen Verlag einigermassen zurück oder wies diesen Verlagszweig grossen Firmen zu, die auch mit Schaden zeitweise arbeiten konnten. Diese Richtung des Verlags der Reformationsschriften war in den Rheinlanden wegen deren Hinneigung zum Katholicismus schwach entwickelt und konnte selbst einem Verleger derselben kein Material zur Thätigkeit bieten, da die Wittenberger, Leipziger und Zwickauer Pressen für den nöthigen Lesestoff sorgten. Schoeffer nahm daher an dieser Art Literatur nur mit zwei Druckwerken Antheil, indem er die von einem Herren von Isenburg und H. Schleicherszhöver verfassten Schriften über die damals brennende Frage vom Glauben und den guten Werken lieferte. Einigen Abtrag that ihm auch das periodische Auftreten des Buchdruckers Hans von Erfurt zu Worms 1520—1521.

Dagegen eröffnete sich für Schoeffers Wirken seit 1527 eine andere wichtige Quelle. Kurz nach Luthers Auftreten auf dem Wormser Reichstage 1521 hatte sich eine kleine Gemeinde Protestanten in Worms gebildet, die insgeheim zwei Prediger, den Maurus und Friedrich Baur, besassen.²) Mit mehr Bestimmtheit traten bereits die Prediger Ulrich Preu und Johann Freiherr auf, als seit 1525 von dem Bischofe bewilligt worden, dass das Evangelium in allen Pfarrkirchen lauter, klar und ohne Zusatz gepredigt werden solle. Mit diesen Predigern hatten sich auch solche der Wiedertäufer in Worms einzuführen gewusst: Jacob Kautz aus Grossbockenheim, Ludwig Hätzer, Hans Denk und Rinck. Heimlich verbreiteten diese ihre Lehre, welche bei Katholiken wie Protestanten gleich verhasst war und tauften gegen 25 Personen

---

1) vgl. Roth, Buchdruckerfamilie Schoeffer S. 158.
2) Becker, Beiträge zur Geschichte der Stadt Worms S. 33 f.

in der Gegend von Worms im Alter von 25—65 Jahren.¹) Als sie sich hinlänglich gefestigt glaubten, fingen sie mit den Predigern der Lutheraner Händel an, schlugen auf Pfingsten 1527 an der Predigerkirche die Grundsätze ihrer Lehren an, wogegen Preu und Freiherr andere Sätze anschlugen und ihre Lehre als die richtige vertheidigten. Diese Entgegnung erschien auch im Drucke: Sieben Artikel zu Worms von Jacob Kautzen angeschlagen und gepredigt. Verworfen und widerlegt mit Schriften und Ursachen, auf zwen weg, Anno MDXXVII²) und ist vielleicht ein Erzeugniss der Presse Peter Schoeffers. Der Wormser Rath warnte die wiedertäuferischen Prediger Kautz, Hilarius und deren Anhänger Melchior Hoffmann ihre hauptsächlichste Stütze, schritt alsbald schärfer ein und befahl dem Hoffmann, die Stadt zu verlassen, bald darauf mussten auch die Andern weichen, Kautz zog nach Mähren, Denk nach Basel. Rinck nach Holland.³) Mit den Wiedertäufern selbst hatte der Rath noch mehrere Jahre viel zu schaffen, verfuhr aber milde, Einige wurden mit Freiheitsstrafen bestraft, Andere traf Verbannung aus der Stadt. Die Wiedertäufer hatten sich 1529 meistentheils aus Worms wieder entfernt oder hingen nur insgeheim ihrer Lehre an.⁴) Auch die lutherischen Prediger verliessen nach und nach Worms, der Rath führte den Protestantismus zwar ein, sah sich aber nach einem gemässigten Prediger um und stellte einen solchen in der Person des damals noch unverheiratheten und somit weniger Anstoss erregenden Elsässers Leonhard Brunner an (1527).⁵)

Mitten in dieser Bewegung sich anfeindender Lutheraner und Wiedertäufer stand Peter Schoeffer auf Seiten der Letzteren und verdankte diesem Verhältnisse von 1527 an den weitaus grössten Theil seiner Wormser Druckerzeugnisse. Seit 1524 befand sich Schoeffer mit seinem Verlag auf der Seite Derjenigen, welche der Reformation und deren Spaltungen das Wort redeten. Sein ganzer Verlag beweist

---

1) Der Katholik. Jahrgang 1882, Heft 1, S. 626.
2) Becker a. a. O. S. 41 — 42.
3) Becker a. a. O. S. 46. Ueber die Sache auch Tagebuch des Canonicus Wolfgang Königstein am Liebfrauenstift zu Frankfurt a. Main. ed. Steitz. Frankfurt a. M. 1876. S. 119. — Demnach wurden auch damals die lutherischen Prediger der Stadt verwiesen, was nur von der Abneigung des Volkes und Raths gegen die Verheiratheten derselben gelten mag. vgl. auch Theologische Studien und Kritiken. 1858. S. 839.
4) Becker a. a. O. S. 47.
5) Becker a. a. O. S. 50. Leonhard Brunner ist Verfasser der Concordanz zur Wormser Bibel 1529, des Wormser Katechismus 1543 und des: Exempelbuch von wunderbarlichen Geschichten. Durch Leonhard Brunner Praedicant zu Wormbs verteutscht. Strassburg Jacob Cammerlander von Mentz. 1535. folio. 110 Blätter, eine Uebersetzung des M. Antonii Sabellici exemplorum libri X. (ed. Beatus Rhenanus). vgl. Centralblatt für Bibliothekswesen III (1886). S. 271.

Er soll auch an der Wormser Bibel mitgearbeitet haben, was jedenfalls nur von der Concordanz derselben zu verstehen.

Er kam auf Caspar Hedio's und Wolf Capito's Empfehlung nach Worms. verlor durch die Einführung des Interims (1548) seine Stellung und zog nach Strassburg. Er starb hochbetagt zu Landau am 20. December 1558. vgl. Becker a. a. O. S. 55 — 59.

dieses zur Genüge. Er stand ausserdem mit dem Capellmeister Johann Walther, einem ausgesprochenen Lutheraner, dem übergetretenen Carthäuser Otto Brunfels, dem Sebastian Münster und Anderen in Beziehungen, die jedenfalls mehr als blosse Geschäftsrichtung sind. Noch klarer spricht sich seine Hinneigung zu der Reformation durch sein Verhältniss zu den Wiedertäufern aus. Er ist mit Othmar in Augsburg und Froschouer in Zürich der Verleger einer Reihe geistiger Erzeugnisse der Wiedertäufer geworden; ob er Wiedertäufer der Glaubenslehre nach war, steht nicht fest, ist aber nicht unwahrscheinlich. Der Eifer für die Sache der Wiedertäufer lässt dieses schliessen. Nähere Beziehungen zu den Wiedertäufern sind aus Peter Schoeffers Leben nicht vorhanden und fehlen hierüber alle Materialien. Schoeffer war für den Druck der Schriften der Wiedertäufer Hätzer und Denk eine Hauptstütze und verdankte derselben jedenfalls auch eine nicht zu unterschätzende Einnahmequelle. Dieses Verhältniss macht sein Auftreten zu Worms interessant und sichert ihm in der Geschichte der Wiedertäufer sowie der protestantischen Bibelübersetzung einen bleibenden Ruf. Als sich die Wiedertäufergemeinde zu Worms durch Vertreibung ihrer Prediger und hauptsächlichsten Anhänger um 1529 stark gelichtet hatte und der Rest nur insgeheim sein Dasein fristete, war dem Verlage Peter Schoeffers in dieser Beziehung der Boden entzogen, sein Name stand auf dem Index der verbotenen Schriften, machte ihn somit den Katholiken verhasst, auch mag sich Schoeffer bei seiner Hinneigung zu den Wiedertäufern dem Wormser Rathe gegenüber nicht mehr sicher gefühlt haben. Er räumte das Feld und verliess Worms 1529 gerade zu einer Zeit, in der der Rath gegen die Wiedertäufer schärfer einschritt. Ob Schoeffer auch zu den Verwiesenen gehörte, steht nicht fest, die Liste der Bestraften und Geächteten enthält seinen Namen nicht.[1]) auch sind keine zwingenden Gründe für eine solche Gewaltsmassregel ihm gegenüber vorhanden. Die Zeit, wann Schoeffer Worms verliess, lässt sich annähernd feststellen. Er lieferte im September 1529 noch einen Druck in Worms,[2]) im December 1529 hatte er sich bereits zu Strassburg niedergelassen und das Bürgerrecht dieser Stadt erworben. In die Zeit des October und November 1529 fällt die Uebersiedelung. Um zu Strassburg in die Zunft zu kommen, heirathete er die Anna Pfintzerin Wittwe,[3]) nachdem seine erste Frau

---

1) vgl. Becker, Beiträge zur Geschichte der Frei- und Reichsstadt Worms. Worms, 1880, S. 47.

2) Die Concordantz vnd zeyger der sprüch etc. des Leonhard Brunner. vgl. S. 23.

3) Das Strassburger Bürgerbuch Ms. im Strassburger Stadtarchiv sagt: „Peter Scheffer, Buchdrucker von Mentz, hat dz burgrecht empfangen von Anna Pfintzerin weil. Blasi Wechters des kurszners seligen wittwe, seiner Hauszfrauw und dient zur steltzen. Act. Zinstag nach Lucie. A°. etc. 29 " Mittheilung des Strassburger Stadtarchivars Herrn Dr. Winckelmann vom 16. April 1891. Materialien über Peter Schoeffer waren in dem Strassburger Stadtarchiv sonst unauffindbar.

Katharine entweder zu Mainz oder zu Worms das Zeitliche gesegnet hatte. Zu Strassburg druckte Schoeffer mit Johann Apronianus, dem Schwenkfeldianer Johannes Schweintzer und dem Matthias Apiarius zusammen[1]) und bewies auch hier die zu Worms gezeigte Richtung, eine verbesserte Bibelübersetzung zu Stande zu bringen. Sein Verlag entwickelte sich in Strassburg unter den blühenden Verhältnissen des dortigen Buchhandels mehr als in dem hierin beschränkteren Worms.

Die Stätte, wo Peter Schoeffer zu Worms druckte, ist nicht bekannt. In der Zeit von 1527 an war sein Geschäft ein emporblühendes gewesen, Männer wie Ludwig Hätzer, Hans Denk, Sebastian Münster und Ludwig Vives hatten ihm den Druck ihrer Schriften anvertraut, sein Hauptwirken entfaltete er jedoch für die Prophetenausgaben und die Wormser Bibel. Seine Ausgabe von Sebastian Münsters Schrift tredecim articuli mit der netten hebräischen Schrift muss bei einem Verlage von so geringem Umfange wie dem Schoeffers auffallen, da sich diese Type sonst nicht verwendet findet, in der Anschaffung sehr theuer war, aber möglicherweise auch durch Entleihen in Schoeffers Besitz gelangt sein konnte. Alle seine Wormser Drucke sind trefflich gesetzt und gedruckt, sie verrathen durch die netten Typen den Formschneider von Beruf und sind vielfach mit Holzschnitten hervorragender Meister, darunter des Anton Woensam von Worms und eines weiteren unbekannten Meisters aus Albrecht Dürers Schule geziert. Für Ausstattung seiner Verlagsartikel verwendete Schoeffer viel, mehr als man bei der geringen Ausdehnung des Geschäfts erwarten sollte. Bei den Illustrationen verwendete er auch einige herrliche Metallschnitte und pflegte namentlich auch Darstellungen aus der alten Geschichte, Medaillons etc. Seine Wormser Verlagswerke haben daher in der Geschichte der Buchillustration einen hohen Ruf und werden wie alle seine Erzeugnisse von den Liebhabern mit enormen Preisen bezahlt. Als Typen führte er eine grosse Textschrift Schwabacher, eine kleinere für Noten und kleinere Schriften und eine nochmals kleinere und sind diese drei Typen verbunden mit zwei Antiquatypen von so nettem Schnitt und reinem Gusse, dass sie mit dem Besten der Zeit den Vergleich aushalten. Von den Antiquatypen machte Schoeffer zu Worms nur wenig Gebrauch, das Gesangbüchlein hat sogar die Eigenheit, dass die Textschrift lateinischer Gesänge die Schwabacher Type ist. Häufig fehlt in seinen Drucken z. B. in den tredecim articuli eine Foliirung, die Signirung der Lagen ist aber dafür desto sorgfältiger.

Schoeffer ist als einer der ersten und bedeutendsten Musiktypendrucker Deutschlands bekannt. Er hatte jedenfalls einen Hang für Musik und Musikdruck, den er auch in Worms nicht verleugnete, wenn er sich auch hier weniger mit diesem Zweige des Buchdrucks als zu Mainz und Strassburg beschäftigte. Er lieferte jedoch 1525 eine zweite Auflage des Waltherschen „Gesangbüchlein" in Musiktypendruck, dem

---

1) vgl. meine Arbeit über die Buchdruckerfamilie Schoeffer S. 116—118, 143—150, 158—161.

er in Strassburg eine dritte folgen liess.[1]) Dass Schoeffer diese Auflage besorgte, hatte seine guten Gründe. Ottaviano dei Petrucci hatte vor 1502 die Kunst, mit Typen Notensysteme zu drucken, in Italien erfunden.[2]) Ihm folgten 1507 Erhard Oeglin in Augsburg und 1512 Peter Schoeffer in Mainz, sei es, dass einer derselben ebenfalls die Methode in Deutschland erfand, oder durch Arbeiter, die in Petrucci's Officin gewirkt, hinter das Geheimniss gekommen.[3]) Da es aber für eine neue Auflage des Walther'schen Buchs von Werth war, das neue Verfahren gegenüber dem noch allgemein und lange nach dieser Zeit noch üblichen Holzschnittnotendruck anzuwenden, fiel Schoeffer die Aufgabe zu, für dieses in protestantischen Kreisen sehr verbreitete Liederbuch eine neue Auflage herzustellen.

Mit grosser Vorliebe bediente sich Peter Schoeffer gut geschnittener Druckermarken. In Worms führte er deren drei, die grössere stellt einen Schild in den Formen der Renaissance dar, mit Winkelhaken und drei Rosetten dem Familienwappen Peter Schoeffers.[4]) Der Schild ruht auf einer hügelartigen Erhöhung. Diese Druckermarke wendete Schoeffer bereits zu Mainz an, sie findet sich in der Folioausgabe der Wormser Propheten 1527 angewendet. Ihr Schnitt bietet gerade nichts hervorragendes, ist aber auch keine schlechte Arbeit. Die andere Druckermarke zeigt vorzüglichen Schnitt und scheint erst in Worms entstanden zu sein, da kein bis jetzt bekannter Mainzer Druck sie aufweist, während sie sich späterhin noch in Strassburger Drucken Schoeffers findet. Zum erstenmale erscheint sie in der kleinen Prophetenausgabe 1527. Sie stellt einen sitzenden Dudelsackbläser im Gewande eines Schäfers, rechts Hund, links zwei stehende Schaafe, oben einen Engel, die Geburt Christi verkündend, mit dem Spruchbande: GLORIA IN | EXCELSIS DEO . | HOMINIBVS | BONA VOLVNTAS . | dar und zeigt trefflichen Schnitt, so dass sie einem bedeutenden Meister angehören muss. Eine dritte mir aus Selbsteinsicht nicht bekannte Druckermarke kommt in den Pandecten 1528 vor und hat das Spruchband: Soli deo gloria.[5])

Was nun die Art des Verlags betrifft, so pflegte Schoeffer bis 1527 mit Vorliebe die volksthümliche Literatur, das Bekanntwerden mit Eucharius Rösslin dem Aelteren, Doctor der Medicin und Arzt zu Worms, führte ihm das oft gedruckte Büchlein: Rosengarten der Frauen, eine Incunabel der Geburtshülfe zu, das er 1513 druckte, weniger pflegte Schoeffer den wissenschaftlichen Verlag und ist nur mit der Pandectenausgabe 1528 und den tredecim articuli 1529 auf diesem Gebiete vertreten. Ob er in Worms auch als Formschneider durch

---

1) vgl. Roth, Buchdruckerfamilie Schoeffer S. 147—148.
2) vgl. Schmid, Ottaviano dei Petrucci, der erste Erfinder des Musiknotendrucks mit beweglichen Metalltypen. Wien, 1845.
3) vgl. Roth, Buchdruckerfamilie Schoeffer S. 121.
4) Ebendaselbst S. 122. Abbildung in (Eitner) Monatshefte für Musikgeschichte IX, 30. Dibdin, bibliographical decameron II, S. 12.
5) vgl. Roth, Buchdruckerfamilie Schoeffer S. 122.

Herstellung von Typen für andere Geschäfte thätig gewesen, steht nicht fest, wie überhaupt sein Verhältniss in dieser Beziehung noch sehr unklar und nur die Anfertigung von Typen für Thomas Plater bekannt ist.[1]) Thatsache ist jedoch, dass die in den Prophetenausgaben Duodez 1527 und 1528 und der Sedezausgabe 1527 verwendeten netten mittleren und kleinen Schwabacher Typen in Worms entstanden sein müssen, da sie erst sich in diesen Drucken nicht bereits zu Mainz vorfinden und wohl besonders für diese Ausgaben hergestellt wurden, späterhin aber noch in Strassburger Drucken vorkommen. Es geht hieraus hervor, dass Schoeffer beim Wegzuge aus Worms nach Strassburg seine Typenvorräthe, bestimmt wenigstens seine Gussformen dazu mitnahm, die Wormser Einrichtung mithin nicht in andere Hände überging. Peter Schoeffer steht als Buchdrucker und Formschneider auf der Höhe der Leistung seiner Zeit, widrige Verhältnisse hinderten die wahre Entfaltung seines Talents sowohl in Mainz als in Worms und Strassburg, wozu seine Sucht für die Sache der Reformation und insbesondere für die der Wiedertäufer kam und ihn von Ort zu Ort trieb.

Es erübrigt noch zu untersuchen, ob Peter Schoeffer das Verdienst zukommt, wirklich der Einführer der Typographie in der Reichsstadt Worms gewesen zu sein. Mit allem Fug und Recht muss vorläufig diese Frage mit Ja beantwortet werden. Peter Drach lieferte zwar 1504 einen Druck,[2]) der das Gegentheil bezeugen könnte, aber der Sinn der Schlussschrift spricht auch von Speier, lässt überhaupt den Ort, wo der Druck entstand, ganz unklar. Da jedoch keine Drucke Peter Drachs zu Worms bekannt, das Geschäft seit etwa 1470 sich zu Speier befand und auch noch nach 1504 dort bestand, der Wortlaut der Schlussschrift recht gut auch so zu verstehen, dass Drach, welcher zu Worms ein Haus besass, zu Worms wohnte, damit aber den Druck noch nicht daselbst hergestellt haben muss, gebührt dem mit Drucken belegten Auftreten Peter Schoeffers als Einführer des Buchdrucks in Worms der Vorzug. Die beiden Drucke 1512 und 1513

---

1) vgl. Roth, Buchdruckerfamilie S. 119 nach Faulmann, Illustrirte Geschichte der Buchdruckerkunst. Wien. 1882. S 327.

2) Der Psalter Dauids deutsch vnd lateinisch mit kurtzen Glossen . |
Dieser Titel steht bibliographisch nicht fest, da das mir vorgelegene Mainzer Exemplar keinen besass.

Am Ende: Hie endet sich der text des psalters zů latein | vnd zu deutsch mit einer schönen ausslegüg vnd | verstentnyss gemacht vn geordnet durch den hoch | gelertesten bruder Nicolaus vo Lyra ein barfu = | sser vnd mifter bruder ein grossen doctor der heyli = | gen geschrifft. Gedrucket vn volendet durch den | Achtparn Peter drachen zů Speyer in der alten | Erbarn keyserlichen vnd hochgefreyten Stadt | Worms auff Mittewoche den . XV . tag des Mo = | nats Aprilis. Nach vnsers heylmachers geburt | Tausent funffhundert vnd vier iar . |

Quarto, CCCXVII gez. Blätter.

Mainz Stadtbibliothek (incun. n. 989) ohne Titelblatt.

Panzer, Annalen I, 264 (woselbst weitere Literaturangaben). — Roth, Buchdruckerfamilie Schoeffer S. 155.

sind zwar bis jetzt nicht mehr aufzufinden, an ihrer Existenz ist aber schwerlich Anstand zu nehmen und gebührt dem Jahre 1512 als Einführung des Buchdrucks in Worms bis auf weitere Funde alles Recht.

2. Druckwerke.

a) Druckwerke mit Angabe des Orts, Jahrs und der Firma.

1518.

1. Eyn wolgeordent vnd nützlich büchlein, wie man Bergwerck suchen vñ finden soll, von allerley Metall, mit feinen figuren, nach gelegenheyt des gebirgs artlich angezeygt, Mit anhangenden Berecknamen, den anfahenden bergleuten vast dinstlich.

Am Ende: Getruckt zu Wormbs bei Peter Schöfern, vñ volendet am fünften tag Aprill . M . D . XVIII.

Octavo, 1½ Bogen (24 Seiten), mit einigen Holzschnitten. Signaturen a—c, ohne Blattzahlen.

Quelle: Unbekannt. Ein Exemplar soll im british Museum sein.[1])

Panzer, Annalen I. 422 n. 924. — Panzer, Annalen Supplement S. 150 n. 924. — Klemm. Catalog S. 54. — Bretschneider, catalogus rariorum librorum S. 21. — Archiv für hessische Geschichte II, 490. — Deschamps. géographie col. 1366. — Roth, Buchdruckerfamilie Schoeffer S. 131 – 132.

1524.

2. Gaistlich Meyengärtlein. | Darinn der Mensch gelert wird zu suchen | die ding, die der Selen ewigen | nutz vñ freüd bringen . | Getruckt zu Wormbs bey Peter Schäffern im Jare 1524. |

Sedez, 65 gez. Blätter gothische Type, mit kleinen Initialen, roth und schwarz gedruckt. Eine Art Hortulus animae, aber schwerlich vom katholisch-unverfälschten Standpuncte.

Darmstadt Hofbibl. (V 58/15).

Roth, Buchdruckerfamilie Schoeffer S. 132.

1525.

3. Eyn schöner begriff | dariñ kurtzlich angezeygt, das | die werck des waren lebendigen | glaubens, so durch götlich lie = | be geschehen, Got gefallen. Vñ | die werck durch der mensche ey = | gen fürneme,

---

[1]) Der Lütticher Bibliophile Helbig sah 1841 ein Exemplar dieser Schrift bei dem Londoner Buchhändler Podol, welcher es dem british Museum zuwenden wollte, weil er glaubte, die Typen des Büchleins seien dieselben wie die des neuen Testaments Tyndale's, das man vielfach auch Peter Schoeffer zuschreibt. Die Exemplare dieses Bergwerkbüchleins werden daher in England sehr gesucht und bei jeder Gelegenheit mit hohen Preisen bezahlt.

Wie es scheint, ist das Buch: Ein nutzlich bergbuchley. O. O. u. J. (1510), bei Weller, repert. n. 531, da es 8° Format, 22 Blätter und Holzschnitte besitzt, eine frühere Auflage. Exemplar zu Augsburg.

on Gottes gebot | gewirckt, Gott missfellig sint . | Fast tröstlich hinzelege die irrū | gen der zweispaltigen prediger . | Durch den wolgebornē meinen | gnedigen herren vō ysenburg, | Teutsch ordens mir zugeschickt | vnd also von wort zu wort vfs | fleissigst getruckt vn̄ volnendt . | ¹) M . D . XXV . |

Mit Titeleinfassung in Holbeins Manier, oben Engel. Auf der Rückseite: Zum Christlichen leser . |

Am Ende Rückseite des letzten Blatts: Getruckt zu Wormbs. durch | Peter Schöffern . | Im jar | M . D . XXV . | am . XXVII . des Weinmonadts . | ²)

Quarto, 23 n. gez. Blätter + 1 leerem Blatt (A_{II}—F_{III}), grosse Schwabacher Type.³)

München Hofbibl.

Weller, repertorium n. 3681.

Herausgeber ist der Drucker Peter Schoeffer II, dessen Beziehungen zum Verfasser dem Grafen von Isenburg unbekannt sind.

4. TENOR | Geystliche Gsangbüchlin, | Erstlich zů Wittenberg, vnd vol- | gend durch Peter schöffern | getruckt. im jar. | M.D.XXV. | Die Tenorstimme hat ein grosses gebogenes verziertes T mit in das N verschlungenem O des Wortes TENOR. Auf der Rückseite des sonst leeren Blatts der Altstimme steht: AVTORE JOANNE WALTHERO . |

Quersext, 118 Blätter zu fünf Stimmbüchern. Tenorstimme mit 47, der Altus mit 29, der Bassus mit 30, die Vagans mit 12 n. gez. Blättern. Der Tenor hat als Signatur grosse, der Altus kleine, der Bassus einen grossen und einen kleinen, die Vagans zwei kleine Buchstaben. Die Textschrift ist auch bei den lateinischen Gesängen die Schwabacher Type, die Namen der Stimmen und die Zahlen über den Melodien sind in Antiquatype gesetzt.

---

1) So der Druck.
2) 27. October 1525.
3) In der merkwürdigen Vorrede bespricht der Herausgeber die herrschenden damaligen Zustände in Deutschland nach dem Bauernkriege: „Ich hab durch herzlichen Schmerzen angesehen, was grosser Gotteslästerung, Sünden und Schanden, auch was grossen Frevel, Gewalt und muthwilligen Fürnehmens durch die zwiespaltigen Prediger in die Welt also kommen ist, dass sich die allermuthwilligsten bösen Christen unterstahn die besten zu sein, und in der Gestalt eines guten Scheins nehmen sie das Evangelium herfür, suchen daraus alles, das ihnen dienstlich ist zu ihrem eigenen Nutz und Aufruhr zu machen, wie sie darin offentlich erfunden sein . ɔc.
Das Schriftchen kam in des Cochlaeus Hände, welche dagegen schrieb: Eyn warhafftige Christenliche stroffung eynes Buchlins dem Herrn Dutsch Ordens von Isenburg zugeschrieben. O. O. u. F. 1529. Quarto. 31 Blätter.
Cochlaeus hatte überhaupt die Wormser Verhältnisse sehr im Auge, über seine Einmischung in Sachen der Wormser Wiedertäufer und Prediger vgl. Becker, Beiträge S. 44. — Gegen die Prediger und Wiedertäufer zu Worms schrieb er: De futuro concordiae in religione tractatu Vormatiae habendo. Ingolstadii. 1545. Quarto.

2. Druckwerke.

Die Wormser Ausgabe unterscheidet sich als Nachdruck der Originalausgabe Wittenberg 1524 dadurch, dass in ersterer Lied Nr. 223 vor Lied 204 steht und die Musiknoten der Wormser Ausgabe Typendruck, in der ersten Ausgabe Holzschnitte sind.

Wien Hofbibliothek, Berlin im Besitze des Herrn von Pölchau (nach Wackernagel).

Wackernagel, Bibliographie des deutschen Kirchenliedes S. 67 n. CLXXV. — Weller, repert. n. 3414. - Monatshefte für Musikgeschichte IX. S. 177. — Faulmann, illustrirte Geschichte der Buchdruckerkunst. Wien. 1882. S. 299.

1527.

5. Alle Propheten | nach Hebraischer | sprach vertentscht . | Titel in langer Fracturschrift in Thenerdanktype in Holzschnitt. | O Gott erlöss die gfangnen.¹) | M . D . XXVII . | Mit herrlicher Metallschnitteinfassung, worin unten Brustbild, das möglicherweise L. Hätzer darstellen soll. Auf der Rückseite des Titels: Ordnung der Propheten. | Jesaia . | Jeremia . | Jeheskiel . | Daniel . | Die zwölf kleynen Propheten. | 1. Hosea. | 2. Joel . | 3. Amos . | 4. Obadia . | 5. Jona . | 6. Micha . | 7. Nahum . | 8. Habakuk . | 9. Zephania . | 10. Haggai . | 11. Secharia . | 12. Maleachi . |

Auf Blatt 2 mit Signatur A$_{II}$ und Blattzahl II: Vorred . | Ludwig Hätzer begert al= | len menschen ware erkantnuss des vatters | durch Jesum Christum den sun . | Wer ists der jhm ettwas wolte fürnemen zů | ıc. (Anlage I).

Auf der Rückseite des letzten Blatts: Getruckt zů Worms bei Peter Schöffern, | vnd volendet am dreizehenden tag des | Aprillen, im jar nach der geburt | Christi vnsers selig= | machers . | M.D.XXVII. | Druckermarke schwarz abgezogen. Mit Initialen im Texte.

Erste Ausgabe der Uebersetzung der Propheten im Geiste der

---

¹) Dieser auf die an mehreren Orten gefangen gehaltenen Anhänger der Wiedertäufer anspielende Spruch findet sich von Ludwig Hätzer mit Vorliebe verwendet. Ich fand bis jetzt folgende Schriften Hätzers, die denselben auf dem Titel führen. Vom Nachtmal, Beweisung aus Evangelischen Schrifften, wer die seyn, so des Herren Nachtmals Worte unrecht verstanden und auslegen. Durch J. Oecolampadium. Christlicher gemein zu Nutz verdeutscht durch Ludwig Hätzer. O Gott erlöss die gefangenen. O. O. u. J. (1525). Quarto. vgl. Panzer, Annalen II, 3096, 3097. — Der Prophet Maleachi, mit Auslegung Johannis Ecolampadii, durch yhn ym latein beschrieben, mit vleys verdeutscht durch Ludowig Hetzer. O Gott erlös die gfangen. O. O. u. J. u. F. Die Vorrede Hätzers ist vom 18. Juli 1526, was wohl das Druckjahr der Schrift ist. Riederer Nachrichten VII. 382–383. Eine andere Ausgabe O. O. u. J. 7 Bogen Quarto erwähnt Riederer a. a. O. II, 381. — Eine dritte führt den Titel: Der Prophet Maleachi, mit ausslegug Joann Ecolampadij, durch in im latein beschriben, mit fleyss verdeutscht durch L. Hätzer. O Gott erlöss die gefangnen. O. O. 1526. 10 Bogen Quarto. Riederer Nachrichten IV, 484. — Unschuldige Nachrichten 1713. S. 407. — Veesenmeyer, Beiträge 179. — Panzer, Annalen II, 3094. — Goedeke, Grundriss I, 223.

Wiedertäufer von Ludwig Hätzer[1]) unter Beihülfe von Hans Denk, erste Wormser Ausgabe, von der grössten Wichtigkeit für Geschichte und Literatur der protestantischen Bibelübersetzung wie der Wiedertäufer insbesondere. Sie bietet die erste vollständige deutsche Uebersetzung der Propheten seitens der protestantischen wie katholischen Uebersetzer dar, da die Schweizer Theologen erst 1529, und Luther gar erst 1532 ihre Prophetenübersetzungen lieferten.[2]) Ausserdem ist sie eins der wenigen literarischen Erzeugnisse nicht polemischer Richtung der Wiedertäufer. Der Uebersetzer ist Ludwig Hätzer, welcher in der merkwürdigen Vorrede den Hans Denk seinen Mitarbeiter nennt. Die Uebersetzung entstand jedenfalls in Worms dem Druckorte selbst. Als Uebersetzung betrachtet, ist die Wormser Prophetenausgabe geradezu eine musterhafte Uebertragung aus dem Hebräischen direct, leidet jedoch vielfach an undeutschen harten Ausdrücken und ist somit nicht so volksthümlich als Luthers spätere Uebersetzung. Sie bestrebte sich,

---

[1]) Ludwig Hätzer, geboren um 1495 zu Bischofszell im Thurgau, war zuerst Caplan in Wädischwyl am Züricher See, bekannte sich frühe zu Zwingli's Lehre, wurde Antitrinitarier und ein Hauptanhänger der Wiedertäufer. Er hatte 1523 den ersten Bildersturm in der Schweiz erregt, wurde 1525 aus Zürich vertrieben, trieb sich dann in der Schweiz und Deutschland umher. Seine Anwesenheit zu Worms steht zum 3. April 1527 urkundlich durch die Vorrede zu den Wormser Propheten 1527 fest. Anfangs 1529 kam er nach Constanz. Als um diese Zeit die Wiedertäufer allenthalben verfolgt wurden, lies ihn der Rath zu Constanz festnehmen und am 4. Februar 1529 hinrichten. Thomas Blarer schrieb über seinen Tod die Druckschrift: Wie Ludwig Hetzer zu Costenz mit dem Schwert gericht abgescheyden ist. Strassburg, 1529. vgl. H. Schreiber, Taschenbuch für Geschichte und Alterthum in Süddeutschland. III. Jahrgang. Freiburg i. B. 1841. S. 91–92.
Ueber L. Hätzer handeln: Riederer, Nachrichten VII. 381. — Goedeke, Grundriss II. Auflage II, 244. — Hase, Kirchengeschichte § 363. — J. J. Breitinger, anecdota de Ludovico Hetzero, im: museum helveticum 1751. Band VII. — Jahrbücher für deutsche Theologie 1856. I, Heft II. (Keim.) — Hagen, Geist der Reformation und seine Gegensätze III, 275. — Becker, Beiträge zur Geschichte der Stadt Worms S. 41–42.

[2]) Ein Nachdruck der Wormser Folioausgabe der Propheten erschien 1527 zu Augsburg bei Ottmar mit dem Titel: Alle Propheten nach Hebraischer sprach verteutschet. Getruckt zu Augspurg durch Sylvanum Ottmar. 1527. Folio, 157 Blätter mit Hätzers Vorrede zum 3. April 1527 wie in der Wormser Ausgabe. vgl. Goeze, Fortsetzung des Verzeichnisses seiner Sammlung. Eine zweite Ausgabe besorgte Ottmar 1528 auf 153 Blätter, da in derselben Hätzers Vorrede analog dem Vorgehen in Worms fehlt. Eine hübsche Titeleinfassung ziert die Ausgabe von 1528. vgl. Catalog Rosenthal-München XLII n. 152. Preis 300 Mark. Beide Ausgaben sind Nachdrucke der Wormser Folioausgabe, was aus diesen Gründen hervorgeht. Hätzer schloss am 3. April 1527 seine Uebersetzung ab, am 13. April 1527 erschien dieselbe zu Worms, ein Nachdruck ist nur nach Erscheinen der Wormser Ausgabe möglich, da Datum der Vorrede und der Beendigung zu nahe bei einander liegen; wenn auch der Beendigungstermin der Augsburger Ausgabe 1527 nicht bekannt ist, liegt er sicher nicht vor dem 13. April 1527. Die Wormser Ausgabe 1527 bleibt somit erste Ausgabe. Dass die Folioausgabe 1527 und 1528 zweimal nachgedruckt ward, war buchhändlerisch jedenfalls der Grund, dass man in Worms den Bedarf mit Folioausgaben der Propheten gedeckt erachtete und keine neue derartige Ausgabe veranstaltete.

2. Druckwerke.

strenge nach dem Hebräischen zu übertragen und demselben möglichst gerecht zu werden. Auch dieses war ein Schritt weiter auf diesem Gebiete, da man bisher sich mit Uebertragungen aus dem Lateinischen und Griechischen begnügt hatte. Erstere Richtung hatte Oecolampadius angeregt, er hatte die Wormser Uebersetzung jedenfalls beeinflusst, was für seine Biographie von wesentlichem Werthe sein dürfte.

Weder Keller in seiner Geschichte der Wiedertäufer in Münster noch in seinem Buche, Johannes Denk, ein Apostel der Wiedertäufer. Leipzig 1882, ebensowenig als die Biographen der Bibelübersetzung: Panzer, Goeze, Giese[1]) und Andere haben diese Ausgabe gesehen, nur Zeltner[2]) scheint dieselbe vor sich gehabt zu haben. Er spricht sich darüber aus, dass die Wormser Prophetenübersetzung „in vielen Stücken reiner, teutscher und deutlicher zu nennen" als die folgenden Uebersetzungen. Durch ihre Tendenz entzog sich diese Ausgabe der Benutzung in orthodoxen protestantischen wie katholischen Kreisen und konnte somit nach und nach in Vergessenheit gerathen. Da Hätzer als Ketzer enthauptet ward und die Wiedertäufer bei den Orthodoxen höchst verhasst waren, galt bei denselben die Wormser Prophetenübersetzung trotz ihres von ihnen anerkannten textlichen Werthes für haeretisch, die Schweizer Theologen benützten solche deshalb nicht und wichen von derselben ab. In der Vorrede zu ihrer Prophetenausgabe erklärten die Herausgeber, dass Hätzer zwar an vielen Stellen fleissig und getreu nach dem hebräischen Texte übersetzt, man sich aber nicht wundern solle, wenn diese Uebersetzung gemieden werde, da sie von Leuten herrühre, die als rechte Rädelsführer der Secten und Rotten sich ausgezeichnet, die in der Kirche mehr Nachtheil angerichtet als selbst das Papstthum.[3])

Zu beachten ist, dass die Vorläufer dieser Ausgabe die drei Ausgaben der Uebersetzung des Propheten Maleachi (1526) und 1526 einen andern Text als die betreffenden Theile der Wormser Propheten bieten und solche eine Verbesserung der Uebersetzung lieferten. Uebersetzer dieser Maleachiausgaben ist L. Hätzer, die Neuredaction derselben in der Ausgabe 1527 geht demnach jedenfalls auf Denks Einfluss zurück und beweist aufs Glänzendste den Eifer, der die Kreise der Wiedertäufer beherrschte, eine gereinigte Bibelübersetzung nach dem hebräischen Urtexte herzustellen, wobei noch die Verfolgung und dadurch entstandene Unstätheit erschwerend ins Gewicht fällt und die Leistung in einem noch glänzenderen Lichte erscheinen lässt.

Folio. 1 n. gez. Blatt + Blatt II—Cl_II (falsch als I_II bezeichnet) + 1 n. gez. Blatt = 153 Blätter, Schwabacher Type.

Worms St. Paulusmuseum, München Hofbibliothek (welches Exem-

---

[1]) Histor. Nachrichten von der Wormser Bibel. 1785.
[2]) Von der alten und höchst raren teutschen Wormser Bibel. Altdorf 1734.
[3]) vgl. Panzer, Entwurf einer vollständigen Geschichte der deutschen Bibelübersetzung D Martin Luthers von 1517—1581. Nürnberg. 1791. S. 266.

plar ich am 26. Mai 1891 benutzte), Wernigerode fürstlich Stolbergische Bibliothek (IIa 170).

Marchand, histoire de l'imprimerie S. 50. — Catalog Antiquariat Cohn-Berlin Nr. 195 n. 32 Preis für ein vollständiges Exemplar (wohl das Wormser) 500 Mark. — Panzer, Entwurf S. 266 (wohl nur auf Grund der Schriften von Giese und Zeltner über die Wormser Bibel.

6. Alle Prophe= | ten, nach Hebrai= | scher sprach ver= | teutscht. | O Gott erlös die gfangnen. | M . D . XXVII . | Mit Titeleinfassung in Holbeins Manier: Säulen mit Engeln daran. Rückseite des Titels leer.

Blatt 2 Vorseite (mit Signatur A_{II}): Ordnung der Propheten wie in der grossen Ausgabe. Auf der Rückseite dieses Blatts: Vorred. Ludwig Hätzer begert allen men= | schen ware erkantnuss des Vatters durch Jesum Christum den sun . | Mit dem Datum: Worms 3. April 1527 wie in der grossen Ausgabe. Rückseite von A_{IIII} leer. Blatt III beginnt der Text.

Am Ende auf der Rückseite von Blatt CCCXXIIII: Getruckt zů Worms bei Peter Schöffern | vnd volendet am dreizehenden tag | des Aprillen, im jar der geburt | Christi vnsers seligmachers . | M . D . XXVII . | Druckmarke, der Dudelsackbläser mit gloria in excelsis schwarz abgezogen.

Zweite Ausgabe der Wormser Propheten, erste Duodezausgabe vom gleichen Tage wie die Folioausgabe und erste Duodezausgabe einer protestantischen Uebersetzung der Propheten überhaupt. Sie enthält den Text der Folioausgabe, ist aber kein Nachdruck derselben, weicht in der Rechtschreibung ab und bietet somit in ihrem Verhältniss zur Folioausgabe eine Merkwürdigkeit, dass ein und das nämliche Buch am nämlichen Tag in zwei Ausgaben vollendet redactionelle Aenderungen erfuhr, die sich dadurch erklären, dass fürs erste Setzer und Correctoren bei jeder Auflage andere waren, sich aber durch das langsamere Voranschreiten des Satzes der kleineren Ausgabe bedingt durch die kleinere Type beim Satze Veränderungen anbringen liessen, die redactioneller besser erschienen, wie vielleicht auch erst während des Druckes der Folioausgabe der Plan einer für den Handgebrauch bestimmten Duodezausgabe angeregt ward und somit auch hierin die Regsamkeit ihrer Herausgeber bekundet.

Duodez, 4 n. gez. Blätter + Blatt III—CCCXXIIII Text.

München Hofbibliothek (welches Exemplar ich am 25. Mai 1891 sah). Im ersten Bogen ist dieses Exemplar falsch gebunden und kann ich nicht feststellen, ob eine Defectheit oder falsche Foliirung vorliegt.

Hergestellt ist diese Ausgabe mit einer kleineren Schwabacher Type von sehr nettem Schnitt für den Text, während für die Noten unter den Capiteln eine nochmals einen Grad kleinere hübsche Schwabacher Type Verwendung fand.

Von keinem Bibliographen gekannte und erwähnte Ausgabe.

**7. Alle Prophe=|ten, nach Hebrai=|scher sprach ver=|teutscht.|
M. D. XXVII.** | Mit Randeinfassung, worin Köpfe, ähnlich in der Haltung wie in der Folioausgabe, aber geringer im Schnitt als diese.
Auf der Rückseite des Titels: Ordenung der Propheten. | Jesaia. Jeremia. Jeheskiel. | Daniel. | Die Zwölff kleynen Propheten. | I. Hosea. II. Joeel. III. Amos. | IIII. Obadia. | V. Jona. | VI. Micha. | XII. Nahum. | VIII. Habakuck. | IX. Zephania. | X. Haggai. | XI. Sechania. | XII. Maleachi. | Blatt 2 (mit Blattzahl II, Signatur A$_{\text{II}}$): Das erst Capitel. Jesaia. | DAs ist das gsicht Je=|saia ꝛc. Die Vorrede Hätzers fehlt, was wohl aus dem Grunde geschah, um den Herausgeber als Wiedertäufer zu verbergen und beweist, dass die Sache der Wiedertäufer im Verfall und die Ausgabe desshalb in ihrer Verbreitung beeinträchtigt gewesen wäre, wenn Hätzers Name an deren Spitze gestanden hätte.

Auf der Rückseite des letzten Blatts: Getruckt zu Worms bei Peter | Schöffern, am VII. tag dess | Herbstmonats, Jm | M. D XXVII. | Jar. | Druckermarke der Dudelsackbläser mit Schäfer und Wappen schwarz abgezogen.

Sedez, 1 n. gez. Blatt + Blatt II — CCCCXXXIX = 439 Blätter, kleine Schwabacher Type.[1]

Erste Taschenausgabe der Wormser Propheten und erste protestantische Uebersetzung der Propheten überhaupt in diesem kleinen Formate. Die Ausgabe in Duodez vom 13. April 1527 war trotz ihres handlichen Formats doch noch ein stattlicher Band. Man suchte diesem abzuhelfen, indem man für das starke Bedürfniss eine nicht als Wiedertäuferausgabe gekennzeichnete Sedezausgabe voranstaltete, die Grösse des Buchs verminderte, aber die Blattzahl von 4 + 324 Blätter, auf deren 429 erhöhte, damit aber eine Taschenausgabe schuf, ein Vorgehen, worin die Wiedertäufer den Orthodoxen und Katholiken ebenfalls voran geeilt waren.

Die Ausgabe bietet ebenfalls den Text der Folio- und Duodezausgabe, ist aber kein förmlicher Nachdruck derselben, sondern eine redactionell überarbeitete verbesserte Textrecension, was bei der Zeit vom Beenden der Folio- und Duodezausgabe bis zum 7. September als Zeitraum von 6 Monaten nicht unmöglich herzustellen war, aber wiederum den Eifer der Wiedertäufer für die Correctheit der Uebersetzung bekundet.

Worms St. Paulusmuseum (das einzige bekannte vollständige Exemplar, das ich am 20. October 1891 benutzte).

Den Bibliographen gänzlich unbekannte unbeschriebene Ausgabe.

Catalog Cohn - Berlin 200 n. 193 (ohne Preisangabe und wohl das Wormser Exemplar). Cohn erwähnt ein weiteres in einer nicht genannten öffentlichen Sammlung vorhandenes aber stark defectes Exemplar, dessen Aufbewahrungsort ich nicht festellen konnte.

---

[1] Nach dem Wormser Exemplare.

1528.

S. Alle Prophe= | ten nach Hebrai= | scher sprach ver= | teutscht . | M . D . XXVIII . | Mit Randeinfassung, darstellend Säulen mit Engeln daran, in Holbeins Manier, wie in der Duodezausgabe 1527. Auf der Rückseite des Titels: Ordnung der Propheten . | Wie in der andern Duodezausgabe. Die Vorrede Hätzers fehlt.

Der Text beginnt Blatt 2 Vorseite (mit Signatur A$_{II}$ und Blattzahl 2): Jesaia . | Das erst capitel .

Auf der Vorseite des letzten Blatts Druckermarke, Wappen mit Dudelsackbläser und: Gloria in excelsis deo. Darunter: Getruckt zů Wormbs bei Peter Schöfern, vnd | volendt am neunzehenden tag des Brach | monats, im jar der geburt Christi vn= | sers seligmachers . | M. D. XXVIII. | Rückseite dieses Blattes leer.

Duodez. 307 gez. Blätter + 1 n. gez. Blatt. Die Ausgabe ist hergestellt in Schöffers kleinerer Schwabacher Type, die Noten sind in der nochmals kleineren Schwabacher Type gesetzt, gerade wie in der ersten Duodezausgabe 1527.

Zweite Auflage der Duodezausgabe und vierte Auflage der Wormser Propheten. Der Text bildet keinerlei sclavischen Nachdruck der Duodezausgabe 1527, sondern weicht graphisch ab, was auf Verwendung anderer Setzer oder eines anderen Correctors sich zurückführen lässt. Eigenthümlicherweise kehrte man bei dieser Ausgabe zu dem grösseren Duodezformat zurück, obgleich eine Sedezausgabe vorlag. Wir kennen die Gründe hierfür nicht. Jedenfalls sollte die formatlich nicht zweckmässige Folioausgabe dem Gebrauche der Prediger beim Gottesdienste, die Duodezausgabe zum Gebrauche der Priester und die Sedezausgabe bei Reisen und im Privatgebrauche dienen.

München Hofbibliothek (welches Exemplar ich am 26. Mai 1891 benutzte.

Göze, Bibelsammlung I. 245 (nicht aus Selbstbenutzung, wie es scheint). — Catalog Rosenthal München 70, 2, 2122 bot für 100 Mark ein defectes Exemplar aus, dem Blatt 305 sowie das Schlussblatt fehlte.

Den Bibliographen bis auf Goeze gänzlich unbekannte unbeschriebene Ausgabe.

Mit dieser letzten Ausgabe kam der Verlag der Wormser Propheten ins Stocken. Die Ursache dürfte der im November 1527 erfolgte Tod Denks und die Hinrichtung Hätzers am 4. Februar 1529 sein. Dass aber trotzdem die Bemühung der Wiedertäufer für die Prophetenübersetzung nicht erloschen, beweisen die Ausgaben des Propheten Micha, welche nach Denks Tode erschienen und ihn zum Urheber haben. Es erschien: Micha der Prophet, wie den Hans Denk vff diese zeit verglichen hat. Vorred an den H. Für . vnd H. He. Philip Lan . in Hessen. Jesai . XXI. Es rufft einer zu mir auss, Seid Hüter, vm welche zeit ists in der nacht? Antwurt . Es kompt der morgen, Dennocht wirds nacht sein, wölt jr fragen, so fragt, kert euch vm vnd kompt her . Strassburg Jacob Cammer . (lander) . 1532 . Octavo

95 Blätter . vgl. Riederer Nachrichten VII. 397. Eine andere jedenfalls auch von Cammerlander gedruckte Ausgabe erschien 1532 ohne dessen Firmaangabe. Welcher Ausgabe das frühere Erscheinen gebührt, kann ich nicht sagen, selbst gesehen habe ich keine derselben. Der Text beider Ausgaben soll ein verbesserter Abdruck des Micha der Wormser Prophetenausgabe sein und dürfte das Bestreben Denks, seine Arbeit selbst immer grösserer Vollkommenheit entgegenzuführen, von literarischem Interesse für die Bibeltextrecension der Wiedertäufer sein.

9. Pandectarum Veteris et Noui Testamenti, Libri duodecim Oth. Brunnfelsii. Revisi: emaculati: aucti. et restituti denno . M . D . XXVIII . Mense Septembri.

Mit der Druckermarke: Soli deo gloria sowie der Schlussschrift: Excudebat Peter Scheffer Wormatiae.

Octavo. Nachdruck der Strassburger Ausgabe 1527 und wahrscheinlich auch der dort erschienenen Ausgabe 1528, was ich nicht feststellen kann.

Erstere Ausgabe führt den Titel: Pandectarum veteris et novi testamenti libri XXII . Argentorati Joannes Schottus . 1527 . Octavo. Mit Titeleinfassung von J. Wechtelin, 20 n. gez. Blätter + 207 gez. Blätter Text. Diese Ausgabe fehlt bei Panzer Annales VI. Eine deutsche Uebersetzung erschien mit dem Titel: Pandect Büchlin Beyläuffig aller Sprüch beyder Testament vszzngk, in Titel zerlegt, vnd XII . Büchlin vernasszt . Newlich verteütscht. O. O. (Strassburg Johannes Schott) 1529. Octavo, 20 n. gez. Blätter + 255 gez. Blätter, mit Titeleinfassung in Roth- und Schwarzdruck. Eine dritte lateinische Strassburger Auflage erschien O. O. u. F. 1530 in Octavo nach Panzer, Annales IX, 149 n. 429.

Das Buch kam auf den Index des spanischen Generalinquisitors Valdes 1551. vgl. Reusch, indices librorum prohibitorum S. 76, 96.

Quelle: Unbekannt.

Panzer, Annales IX, 102 n. 2. — Schunk, Beiträge zur Mainzer Geschichte III, 138. — Schaab II, S. 77.

10. Von dem Euangelische | anstosz, wie vnnd welcher | gestalt das wort gottes | vffrur mache . |

Am Ende Vorseite des letzten Blatts: Getruckt zů Worms bey Peter Schoeffern, | volendt am neunzehenden tag | Weinmonats im Jare | M . D . XXVIII . |

Mit Druckermarke: Dudelsackbläser und Schäfer mit Wappen auf der Rückseite des letzten Blatts.

Quarto, 16 n. gez. Blätter, Schwabacher Type.

Herausgeber ist der frühere Carthänser Otto Brunfels. Nachdruck der Ausgabe bei Weller, repert. n. 2373 (O. O. [Strassburg?] 1523).

In Privatbesitz.

1529.

11. Biblia | beyder Allt vnd | Newen Testamets | Teutsch . | Zum Christlichen leser . | Seitmal der allmechtig Gott durch sein güte verlihen hat, dass alle bücher, beyd allt vnd news Testa = | ments (wie dann die XXIIII . iñ Hebraischer, vnd die vbrigen, souil dero vorhanden iñ Griechischer | sprach gefunden) inns Teusch verdolmetschet worden seind. Ist für nützlich angesehen, söl = | che alle, gantzer Christenheyt zů gůt, mit gemeyner Teutscher sprach inn eyn bůch (wie | dann hie neben jre namen, vnd an welchen ort die gefunden, verzeychnet seind.) | Zetrucken: Sampt angehenckter aussleguug der schweristen örter, auff | dass | der, so sich jro prauchen wölte deren nit entraubt, vnd der jhenig so jrer vnnotdürfftig | die selbigen daruon zethůn hab, hiemit gehab dich | wol, vnd dancke Gott vmb seine gaben, Amen . | Die Rückseite des Titels enthält das Register.

Blatt LXXVI Vorseite: Getruckt inn der Keyserlichen frei statt | Wormbs, bei Peter Schöfern | iñ jar nach der gebürt | vnsers Herren . | M . D . XXIX . | Druckermarke: Dudelsackbläser mit Schäfer und Wappenschild. Rückseite dieses Blattes leer.

Es folgt: Auszlegung ettlicher | dunckeler schwären wörter, der | Biblen Allt vnd Newen Testaments, | deren iede mit † vnd ziffern. ausser = | halb dess Texts verzeychnet fun = | den wirt . |

Folio, 2 n. gez. Blätter und die Signaturen A_{II} — Nu_{IIII} †. davon CCLXXXVII gez. Blätter das alte Testament bildend + LXXVI gez. Blätter = neues Testament + 12 n. gez. Blätter Wörterverzeichniss. Letzteres fehlt in manchen Exemplaren und scheint besonders verkäuflich gewesen zu sein je nach Wunsch der Abnehmer. Schwabacher Type in zwei Abstufungen.

Worms St. Paulusmuseum (herrliches Exemplar mit der Auslegung am Ende, das ich am 20. October 1891 benützte), Darmstadt Hofbibliothek (V 562/10 defect), Wernigerode fürstlich Stolbergische Bibliothek (mit der Auslegung), Dresden kön. Bibliothek,[1]) Wiesbaden Privatbesitz (ohne die Auslegung).

Giese, histor. Nachrichten von der Wormser Bibel. — Zeltner, von der alten und höchst raren teutschen Wormser Bibel. — Marchand, histoire de l'imprimerie S. 50. — Le Long. bibliotheca sacra I, 405. — Luther-Bibliothek des Paulusmuseums zu Worms S. 2—3 n. 6. — Vogt, catalogus librorum rariorum S. 105. — Naumann, Archiv X, 172. — Nagler, Monogrammisten I, 661. — Deschamps, géographie col. 1367. — Catalog Antiquariat Cohn-Berlin CXCV. 10 n. 33. Preis 1500 Mark (welches das Wormser Exemplar sein dürfte). — Walther, neue Beiträge zur nähern Kenntniss der Hofbibliothek zu Darmstadt S. 62 u.

---

[1]) Das Dresdener Exemplar der Wormser Bibel gehörte früher dem Tonsetzer und Freiberger Cantor Christoph Demantius (geboren 1567, gestorben 20. April 1643). vgl. Monatshefte für Musikgeschichte II (1870) S. 11. Dieser Umstand ist für Verbreitung dieser Bibel und deren Werthschätzung noch lange nach dem Erscheinen nicht ohne Interesse.

251. — Muther, Bücherillustration I. S. 254, 1799. — Muther, die ältesten deutschen Bilderbibeln. München 1883. S. 56 f. — Panzer, Entwurf S. 274—281.

Die berühmte „Wormser Bibel" von dem Wormser Wiedertäufer Jacob Buho oder Kauz angeblich übersetzt, wobei Leonhard Brunner aus Worms Beihülfe geleistet haben soll. Von der Uebersetzung der Propheten durch Hätzer und Denk gänzlich verschieden. Das Buch bietet die erste vollständige Uebersetzung der heiligen Schrift seitens der Protestanten, geht der Uebersetzung Luthers, dessen Propheten zuerst 1532—1534 erschienen, voraus und war jedenfalls von demselben gekannt und benützt. Luther hatte auf das neue Testament sehr schnell die Uebersetzung des alten Testaments für dessen drei ersten Theile folgen lassen, dann trat aber mit der Herausgabe der Propheten und Apokryphen ein desto längerer Zeitraum ein. Im Volke war das Verlangen nach einer vollständigen deutschen Uebersetzung der ganzen heiligen Schrift ein ausgesprochenes Bedürfniss und regte sich dieses in allen Kreisen. Hätzer und Denk hatten zwar die Propheten seit 1527, Leo Jud und dessen Genossen in der Schweiz die Apokryphen 1529 übersetzt, aber eine Gesammtausgabe aus **einer** Hand fehlte, zudem beide Uebersetzungen 1527—1529 in ihrer Tendenz nicht den Orthodoxen wie den Katholiken entsprechen konnten. Man behalf sich mit dem Mittelwege, indem man Luthers Uebersetzung des neuen und alten Testaments soweit vorhanden mit den Arbeiten von Hätzer, Denk und Leo Jud verband und so in der That eine Gesammtausgabe der deutschen Bibelübersetzung schuf, wobei man freilich die Tendenz der einzelnen Theile als lutherisch, wiedertäuferisch und zwinglianisch nicht beachtete. So entstanden die Bibeln, welche man in der Theologie und Bibliographie die combinirten Bibeln nennt, die Wormser 1529, die Strassburger 1530 und die Züricher 1531. Dadurch ward die Wormser Bibel die erste vollständige Ausgabe in deutscher Sprache protestantischer Richtung.[1])

---

[1]) Ich habe die Wormser Bibel 1529 für die erste Seitens der Protestanten herausgegebene gedruckte Ausgabe der sämmtlichen Bücher der heiligen Schrift erklärt und halte dieses aus folgenden Gründen für richtig. Luther hatte das neue Testament herausgegeben, an dem alten Testament gearbeitet, eine Gesammtausgabe stand von seiner Seite noch aus, welche überhaupt erst nach Uebersetzung der Propheten und Apokryphen möglich war. Die Wiedertäufer Hätzer und Denk hatten 1527 die Propheten übersetzt, auch hier standen die Apokryphen noch aus. Die Schweizer Theologen griffen nun die Sache noch früher als Luther und die Wiedertäufer auf, und lieferten 1524 das neue Testament als Theil VI ihrer Gesammtausgabe, 1525 drei Theile des alten Testaments in Theil I, II und III ihrer Ausgabe. Hiermit waren sie so weit als Luther gelangt, dessen Uebersetzung sie jedenfalls der ihrigen zu Grunde legten. Da gerieth auch ihre Sache ins Stocken, da die Propheten und Apokryphen noch nicht übertragen waren. Die Wiedertäufer Hätzer und Denk traten mit ihrer Prophetenübersetzung 1527 auf, welche die Schweizer Theologen 1529 in ihrer Ausgabe als Theil IV benutzten, scheinen nun aber an den Apokryphen gearbeitet zu haben, die als Theil V ihrer Gesammtausgabe 1529 am 6. März im Drucke vollendeten

Die Wormser Bibel ist nebstdem durch ihre Ausstattung von hoher Bedeutung für die Kunstgeschichte. Wie die meisten Bibelausgaben des XVI. Jahrhunderts an dem „eisernen Bestand" der Benutzung oder Nachbildung der Holzschnitte früherer Auflage festhielten und somit eine Tradition schufen, so finden wir Aehnliches auch bei der Wormser Bibel. Die Wormser Bibel folgt im Allgemeinen der Wittenberger Ausstattung. Die in ihr enthaltenen 46 prächtigen Holzschnitte des Anton Woensam von Worms finden sich grösstentheils bereits in der von Peter Quentel in Cöln 1527 und 1528 erschienenen lateinischen und in der 1528 ebenda erschienenen deutschen Bibelausgabe, welche letztere eine Uebersetzung des neuen Testaments durch H. Emser bietet, verwendet, und wanderten von Cöln nach Worms, um aus dem katholischen Verlage heraus die combinirte lutherisch-wiedertäuferisch-zwinglische Wormser Bibel zu zieren. Dieses Entleihen der Holzstöcke sowie das Clichiren derselben für verschiedene Drucke in mehreren Druckereien war ein ganz geläufiger Gebrauch im XVI. Jahrhundert. Die meisten Holzstöcke der Wormser Bibel sind hoch 120, breit 75 mm. Eine kleine Anzahl derselben ist von Anton Woensam von Worms besonders für die Wormser Bibel gefertigt und findet sich nur hier der Abdruck dieser Stöcke, was die Bibel für die Kunstgeschichte von Bedeutung sein lässt. Dem Biographen Woensams Merlo in dessen Buch: Anton Woensam von Worms, Maler und Xylograph zu Köln. Sein Leben und seine Werke. Leipzig 1864. (Naumanns Archiv X, 129—275) sind diese Blätter der Wormser Bibel unbekannt geblieben und dürften die Holzschnitte hier einer näheren Beschreibung werth sein. Die Erschaffung der Welt am Anfange der Bibel aus der Cölner Bibel 1527 entnommen stellt Gottvater mit siebenzackigtem Glorienschein, ausgebreiteten Armen nach Links gewendet als Schöpfer vor

---

und das Ganze abschlossen. Auch für die Wiedertäufer blieben nur die Apocryphen zu übertragen übrig, Kautz beendete diese Uebersetzung ebenfalls 1529 und ward die ganze heilige Schrift unter Zugrundelegung der Luther'schen Uebersetzung, der Hätzer'schen Propheten und der Kautz'schen Apocryphen 1529 zu Worms gedruckt, wobei eine Beendigungszeit nicht angegeben ward. Ob die Herausgeber der Wormser Bibel die Schweizer-Bibel benutzten, kann ich nicht feststellen, möglich ist dieses immerhin, da 5 Theile vorlagen. Es ist aber nicht wahrscheinlich, dass die Wormser Herausgeber eine am 6. März 1529 beendete Uebersetzung noch im gleichen Jahre benutzten, überarbeiteten und drucken liessen, zudem im gleichen Jahre eine Concordanz dazu erschien. Denn das Buch musste doch erst von Zürich aus in den Handel auf die Messe gelangen und dann war der Nachdruck für eine Officin, welche bereits im October oder November des nämlichen Jahres ihren Wirkungsort änderte, in der Zeit vom März bis October für den stattlichen Folianten der Wormser Bibel mit Wortverzeichniss und Concordanz eine Leistung, die an die Unmöglichkeit grenzt. Es wäre interessant, wenn ein Theologe die drei Ausgaben, die Luther'sche Gesammtausgabe, die Schweizer und Wormser Bibel textlich vergliche und das feststellte, was jedem Herausgeber eigenthümlich angehört. Mir scheint die Wormser Bibel kein Nachdruck der Schweizer Bibel, sondern eine parallel vorgenommene Uebersetzung der Apocryphen zu bilden, die vor der Schweizer Bibel fertig gestellt ward.

der Weltkugel dar, Kleid und Mantel zeigen reichen Faltenwurf ohne die Dürersche Verknitterung, unten auf der Weltkugel ist eine Landschaft dargestellt, über derselben mitten das Monogramm. Der zweite Holzschnitt zeigt im Vordergrunde links die Erschaffung Adams, rechts der Eva, im Hintergrunde rechts der Sündenfall, links die Vertreibung aus dem Paradiese, unten links das Monogramm und die Zahl 1525. Die Darstellung der Sündfluth bietet nichts Ausserordentliches dar. Bei der Opferung Isaaks erscheint Abraham als junger Mann, in gleichem Alter Isaak, der Engel, der dem Abraham das Schwert aufhält, ist ein kräftig entwickelter Junge. Aehnliches findet sich bei Darstellung der Himmelsleiter, Jacob links mit dem Rücken gegen einen Baum anlehnend, die Leiter rechts, im Hintergrunde Landschaft. Die Darstellung vom Traume Pharao's theilt sich in die Scene: Joseph vor Pharao und in die Darstellung der fetten und magern Kühe links, der fetten und magern Aehren rechts. Die Stiche sieben bis elf, der Opferaltar, der Leuchter mit dem Tische der Schaubrote, die Tapete des Tempels, die Bretter der Wand, der Tempelhof mit Brunnen und Altar, der Vorhof und der Hohepriester Aaron sind den gleichartigen Darstellungen in der Cölner Bibel 1527 nachgebildet, aber bessere Darstellungen und somit neue Arbeiten Woensams. Das neue Testament zeigt die Evangelisten vor den einzelnen Evangelien, den Paulus mit dem Boten vor dem Römerbrief, alle aus dem deutschen neuen Testament Emsers Cöln 1528 stammend. Vor dem Korintherbrief findet sich Paulus in einem säulengetragenen Thor, oben Engel einen Kranz befestigend, mit Schwert und Buch, vor dem zweiten Thessalonicherbrief zeigt sich ein kleiner Holzschnitt von nur 34 mm Höhe und 22 mm Breite Paulus mit Schwert und Buch, aber anders gewendet als oben, auch hier sind die Säulen als Begrenzung angebracht. Aus Emsers neuem Testament Cöln 1528 stammen Jacobus als Pilger, Petrus vor Gottvater knieend, der Judas als Prediger, sowie die 21 Holzschnitte der geheimen Offenbarung Johannis. Bemerkt sei, dass diese Holzstöcke, soweit sie von Quentel in Cöln entliehen worden, nicht Eigenthum Peter Schoeffers wurden, es geht dieses zur Genüge daraus hervor, dass Holzschnitt 1 der Weltenschöpfer sich 1534 zu Mainz bei Peter Jordan in der ersten Ausgabe von Dietenbergers Bibel verwendet findet, vgl. Schneider in Wedewer, Dietenberger S. 455.

Ein Nachdruck der Wormser Bibel erschien 1534 bei Heinrich Steiner in Augsburg mit dem Titel: Biblia beyder Alt und Newen Testaments Teutsch Getruckt zu Augspurg durch Heinrich Steyner M.D.XXXIIII. Am Ende: Getrukt vnd vollendet in der Keyserlichen und des Reychs statt Augspurg durch Heynrich Steyner, im jar nach der gebürt Christi, M.D.XXXIIII. Kleinfolio. Panzer, Entwurf S. 290. — Panzer, Beschreibung der Augsburgischen Bibeln n. 65. — Muther, Bilderbibeln S. 58 Note. Die Ausstattung dieses Nachdrucks hat mit der Wormser Bibel nichts zu thun, ist entweder Copie der Stiche derselben oder anderer Herkunft, theilweise auch schlecht. Die Wormser Bibel erlebte nur eine Auflage, da sie 1532 die von

Luther ausgegebene Gesammtübersetzung der heiligen Schriften entbehrlich machte und auch die Katholiken 1534 an Dietenbergers Bibel eine Ausgabe erhielten.[1])

12. ERklerung des newē Instruments, | durch Sebastianum Mönster, über den | Mon. gemacht iū Jar Christi . | M . D . XXIX . | Prächtiger Holzschnitt ohne Monogramm: Gebäude worauf Sonnenuhr, oben Mann mit Messinstrument, unten zwei Männer, deren einer mit einer Uhr in Kasten, oben Sonne und Mond in Wolken. |

Rückseite des Titels: Allen liebhabern der artlichen kunst Mati= | matic, wünschst Sebastian Mönster | glück vnd heyl . | O. D.

Blatt 2 Vorseite (mit Signatur a$_{11}$): Erklerung des Instruments | über den Mon gemach . |

Vorseite des letzten Blatts: Getruckt zů Wormbs bei Peter Schöffern, | vnd volendet im jar. M . D . XXIX . | am ersten tag Herbstmondes . | Druckermarke: Dudelsackbläser und Schäfer mit Wappen. Rückseite leer.

Quarto, 24 n. gez. Blätter (a$_{11}$ — F$_{111}$) mit mehreren Holzschnitten, Schwabacher Type.

Mainz Stadtbibliothek und Privatbesitz.

Serapeum XIX, 58 nach messager des sciences historiques ou Archives des arts et de la bibliographie de Belgique 1867 (Helbig).

13. Drei Zeilen hebräischer Titel | Tredecim articuli fidei Judaeorum . | Item, Compendium elegans histo- | riarum Josephi, complectens : | Acta lxx . Interpretum: | Gesta Machabeorum: | Facta Herodum: | Excidium Hierosolymitanum . | Item, | Decem captiuitates Judaeorum . | Haec per Sebastianum Munsterum | & Hebraeis & Latinis legen | da exarantur . | Anno Christi, | M . D . XXIX . | Rückseite leer. | Sebastian Münsters Vorwort ist datirt: Vuormatiae anno Christi, M . D . XXIX . |

Am Ende Vorseite des letzten Blatts Druckermarke: Gloria in excelsis deo.

Sodann: Vuormatiae apud Petru Schoefer | Anno M . D . XXIX . | Mense Septembri . |

Octavo, ohne Foliirung der Seitenzahlen mit den Signaturen a$_2$ bis z$_5$ in Antiquatype, lateinische Uebersetzung mit gegenüberstehendem hebräischem Text.[2])

Worms St. Paulusmuseum. Mainz Stadtbibliothek.

Marchand, histoire de l'imprimerie S. 50. — Rossi, annales n. 197. — Maittaire, annales typographici II, 714 — 715. — Wolf, bibliotheca

---

[1]) Die Wormser Bibel bildete trotzdem noch um 1568 einen begehrten Handelsartikel und befand sich um diese Zeit auf dem Büchermarkte. Das „Verzeichnus was für Bücher in der Alten Gülfrich Handel (Frankfurt a. Main) sein, so sie verlassen Hatt. Gezelt worden nach der Herbst Mess Anno 1568. wie Volgt": zählt auf „13 Wormbser Bibel". vgl. Pallmann, Sigmund Feyerabend S. 137 Anlage VII. (Archiv des Vereins für Geschichte und Kunst zu Frankfurt a. Main. Neue Folge. VII. 1881. 8°).

[2]) Nach dem Wormser Exemplare.

hebraea IV, 1018. — Weller, Altes und Neues II, 106. — Panzer, annales IX, 102. — Catalog Antiquariat Rosenthal-München 70, 1, S. 41. n. 648. Preis 18 Mark. — Catalog Antiquariat Isaac St. Goar Frankfurt a. M. 78 n. 36. Preis 80 Mark. — Schaab II, S. 77.

14. Concordantz | vnd zeyger der sprüch | vnd hystorien aller biblischen | Bücher, so vnlengst in truck auszgangen . | Mit Titeleinfassung.

Am Ende: Getrůckt zu Wormbs bey Peter Scheffern | im Jar nach der geburt | vnsers Herrn . M . D XXIX . | Druckermarke wie in der Wormser Bibel.

Verfasser dieser zur Wormser Bibel gefertigten Concordanz ist L. Brunner in Worms. Erste Ausgabe.

Folio, 88 gez. Blätter. Ein Nachdruck erschien 1530 bei W. Köpfl in Strassburg, gewidmet dem Landgrafen Philipp dem Grossmüthigen.

In Privatbesitz.

b) Druckwerke Peter Schoeffers II. ohne Angabe der Firma.

1. Ein grüntlicher bericht, ausz der | heyligē schrifft gezogē, vff vier Christliche stück . | Nemlich, das der glaub allein gnug zu der selig | ckeyt sei, vñ ob er vō menschē ausz eygen krässten | angenōmen mög werdē . Item wie der glaub | nit ein müssiger won sei. Von dem | warlichen tempel gottes. Vnd | anruffung der heyligen. Wormbs 1524. | Mit kleinem Titelholzschnitt.

Quarto, 26 (?) Blätter. Herausgeber ist H. Schleicherszhöver.

Quelle: Unbekannt.

Von der Hardt I. 185. — Weller, repertorium n. 3157. — Bibliotheca Haeberliniana. Vierte Abtheilung: Autotypen Luthers und seiner Zeitgenossen. Frankfurt a. Main 1877. S. 346 n. 6543 (defectes Exemplar mit nur 25 Blättern). Preis 1 Mark.

2. Ordnung Gottes, vnd | der Creaturen werck: Zůuerstören | das geticht gleissnerisch ausreden der falschen | vnd faulen ausserwelten, auff das die war = | heyt raum hab zůuerbringen das ewige, | vnwandelbare wolgfallen Gottes. | Coloss. 1. Ephes. 1. | Hanns Denck . |

Rückseite des Titels leer.

Kleinoctavo. 15 n gez. Blätter mit den Signaturen a$_{II}$ — d$_{III}$. Mit Peter Schoeffers II. grösserer und mittlerer Schwabacher Type gedruckt[1]), daher dessen Eigenthum, erschienen 1527 als Todesjahr Denks.

Worms St. Paulusmuseum.

---

1) Nach dem Wormser Exemplare.

3. Eyn vrteil gottes | vnsers ehegemahels, wie | man sich mit allen götzen vnd bildtnussen halten sol, | vss der heyligen geschrifft getzogen . | Wormbs . | Im Jar M . D . XXIX . Im Herbstmond . |

Quarto, 10 Blätter, Schwabacher Type.

Verfasser ist der Wiedertäufer Ludwig Hätzer.[1]) Die erste Ausgabe dieser Schrift erschien bei Christoph Froschouer 1523 Quarto, 10 Blätter. Panzer, Annalen II. n. 1877. — Murr, memorabilia II. 283, n. 55.

Privatbesitz zu Wiesbaden.

4. Des Edlen Rö = | mers Laurentij Vallen | sis Clagrede, wider die | erdicht vnnd erloge = | ne begabung, so | von dem Key = | ser Cöstan | tino der Römi = | schen kirchen sol gesche | hen sein . | Mit herrlicher Randeinfassung in Metallschnitt mit der Inschrift unten: Cecidit Babylon meretrix superba.

Die Einleitung ist unterzeichnet H. S., was auf Hans Schleierszhöver deutet, aber von Weller rep. n. 1155 für Johann (Hans) Schoeffer fälschlich gedeutet ward, wesshalb derselbe diesen Druck unrichtig Johann Schoeffer zu Mainz als Herausgeber und Verleger zuschrieb. Die Type nebst Ausstattung ähnelt dem Drucke P. Schoeffers: Eyn schöner begriff. Worms 1525 so sehr, dass ich ihn für ein Wormser Erzeugniss desselben um 1518 halte und hier einfüge.

Zürich Stadtbibliothek, welches Exemplar ich am 18. Februar 1891 collationirte.

Quarto, mit den Signaturen A — O iij = 55 n. gez. Blätter + 1 gez. Blatt. O. O. u. J. u. F.

Weller. repert. n. 1155. — Roth, Buchdruckerfamilie Schoeffer S. 105 und 153 — 154.

c) Zweifelhafte Drucke.

1. Mörin. Worms. 1512.

Quelle: Unbekannt.

Muther, Bücherillustration I, 254, 1798 (ohne Angabe des Formats, der Firma und des Aufbewahrungsorts des benützten Exemplars).

Als Wormser Ausgabe nicht unmöglich und wohl Ende 1512 von Peter Schoeffer hergestellter Raubdruck der Strassburger Ausgabe 1512. Diese Ausgabe führt den Titel: Die Möri | Ein schon kürtzweilig le - | sen welches durch weiland Herr Herman von | Sachssenheim Ritter (Eins obenteürlichen handels halb, so im in seiner jugend | begegnet) lieplich gedicht und hernach die Mörin genempt ist. Allen so si | ch der Ritterschaft gbruchen. Auch zarter frewlin diener gern sein wöllen nit | allein zů lesen kurtzweilig, sunder auch zů getrewer warnung erschiesslich | Holzschnitt .

---

[1]) Diese Schrift ist eine Uebersetzung von: Judicium dei et sponsi nostri, quid cum imaginibus, seu simulacris agendum sit, ex canonicis scripturis. M . D . XXIV. O. O. u. F. (Augustae S. Otmar). Quarto, 10 Blätter, mit Titeleinfassung. vgl. Panzer, annales IX. 138 n. 297.

Am Ende: Hie endet sich das hofflich büchlin die Morin | genant. Getruckt von Johannes Grüninger in der loblichen freien stat | Strassburg, und vollendet uff sant kathereinenn abent inn | dem jar von geburt Christi tausend funffhundert XII. |

Die Vorrede ist datirt: 1 November 1512, (Seite 3, Signatur A ij). Herausgeber ist der Arzt Johannes Adelphus zu Strassburg.

Folio, LIII Blätter.

Neuabdruck von E. Martin in Bibliothek des literarischen Vereins CXXXVII. vgl. daselbst s. 5. Auch Martin kennt die Wormser Ausgabe 1512 so wenig als Goedeke, Grundriss I. 86.

2. Rosengarten der Frauen . Wurms . 1513. O. Firmaangabe.
Quarto.
Quelle: Unbekannt.
Panzer, Annalen I. 354 n. 754. — Deschamps, géographie col. 1366.

Verfasser dieses viel gedruckten Hebammenbuchs ist Eucharius Rösslin der Aeltere[1], Doctor der Medicin und Arzt zu Worms. Er hatte im Jahre 1512 sein Buch beendet und erwirkte beim Kaiser Max I. ein Privileg gegen dessen Nachdruck noch im Jahre 1512. Dasselbe lautet im Auszuge: „Wir Maximilian von gottes gnaden Erwölter Römischer Keiser 2c. 2c. — Bekennen Als der Ersam vnser vū des Reichs lieber getrewer Eucharius Rösslin Doktor d' Ertzney Etlich tractät vū pücher 2c — Als lieb als eime yeglichen sey vnser vnd des Reichs schwer vngnad vnd straff vnd darzu ein peen Nemlich zehen marck lötigs golds zu vermyden, die ein yeder, so wider diss vnser freiheit die pücher trucken, feyl haben oder verkauffen würde, so offt das beschehe, vns halb in vnser kamer, vnd den andren halb theil dem gemelten Doktor Eucharius vnablösslich zu bezaln verfallen sein solln mit vrkund diess briefs 2c 2c — 1512."

1513 erschien eine Ausgabe zu Strassburg bei Martin Flach, welche jedenfalls Originalausgabe ist. Eucharius Rösslin sagt in der Widmung: Der hochgebornē Fürstin vnd frawē, fraw Catharinē geborn von Sachsē, Hertzogin zu Brunstzwigk vnd Lunenburg, meiner gnedigsten frawen Entbeut ich Eucharius Rösslin in artzney doctor, mein vnderthänig gehorsam willigst dinst zuuor 2c 2c. Vū ob y. f. g. merers berichts d' in diesē buch nit begriffē zu wissē begerte die wyl sich nit alle ding zu schreibē geburt, will ich doch vss gehorsamer vnd'-

---

[1] Er starb 1526 zu Frankfurt a. Main als Stadtarzt. Ueber sein Leben ist nichts bekannt. Er schrieb nach dem Druckprivileg noch andere um 1513 gedruckte Schriften, die ich nicht kenne. Sein gleichnamiger Sohn war ebenfalls Stadtarzt zu Frankfurt und Licentiat der Medicin. Er schrieb: Kalender mit allen astronomischen Haltungen. Frankfurt a. Main (Cyriacus Jacob) 1533, Quarto. Exemplar in der Darmstädter Hofbibliothek. vgl. Passavant, peintre-graveur IV, 81. — Walther, neue Beiträge zur näheren Kenntniss der Hofbibliothek zu Darmstadt S. 47 u. 87. — Ueber E. Rösslin den Jüngeren auch Pallmann, Sigmund Feyerabend S. 2 (Archiv für Frankfurts Geschichte und Kunst. N. F. VII) wo er übrigens mit dem alten E. Rösslin zusammengeworfen ist.

theniger pflicht v. f. g. muntlichn bericht zu geben gantz willig seyn vñ hiemit wil ich mich in v. f. g. schutz vnd schirm wider die Klaffer vnderthänliche befolhn habn. Datum zu Wurms vff dē XX. tag des monats Hornung . Im jar als man zalt von der geburt Christi Funffzehen hundert vnd dreyzehn." Der Druck ward beendet am dominica Letare 1513 nach der Schlussschrift des Correctors Johannes Adelphus. [1])

Dieses erste Hebammenbuch war jedenfalls eine gesuchte Waare auf dem Büchermarkte und erlebte im Jahre des Erscheinens bereits drei Nachdrucke. Zwei derselben erschienen zu Hagenau bei H. Gran 1513 (anonym ohne Firma- und Ortsangabe,[2]) der dritte zu Worms 1513 bei Peter Schoeffer II. Der Zeitraum vom Sonntag Laetare 1513 bis zum Ende des Jahres reichte für Nachdruck dieses nicht umfangreichen Buchs gewiss hin.

Weitere Auflagen erschienen 1522 Strassburg.[3]) 1526 Erfurt [4]) und 1524 — 1528 bei Steyner in Augsburg Quarto mit Holzschnitten der Schule Burgkmairs.[5])

Es wäre nun nicht ausgeschlossen, dass Panzer ein defectes Exemplar ohne Ende vor sich hatte und aus der datirten Vorrede der Strassburger Ausgabe: Wurms[6]) einen Wormser Druck machte, aber auch nicht ausgeschlossen, dass wirklich ihm ein Druck mit dem Druckorte: „Wurms" vorlag.

3. Wormser Drucke könnten sein die kaiserlichen Mandate 1513 bei Weller repert. n. 792 — 794, da sich damals der Kaiser zu Worms aufhielt und es im Interesse der Sache lag, diese Erlasse durch einen Buchdrucker der Stadt selbst drucken zu lassen.

---

1) Strassburger Ausgabe 1513. Exemplar zu Erlangen Univ.-Bibl. (ohne Titel). 37 Blätter Quarto ohne Seiten- und Blattzahlen, mit den Signaturen A — O, mit Titeleinfassung in Holzschnitt. Vor der Widmung ein blattgrosser Holzschnitt mit dem Monogramm C. M., der Verfasser reicht der Herzogin von Braunschweig das Buch dar, neben zwei Hofdamen lächelnd. Ausserdem 22 Holzschnitte, davon zwei blattgross. Hinter der Widmung gereimte: Ermanung.

2) Weller, repertorium n. 797 und 798.

3) Martin Flach. 1522. Weller, repert. n. 2255. — Chouhant, graph. Incunabeln S. 90. — O. Firma 1524. Weller n. 3127.

4) Eine überarbeitete Ausgabe. Weller n. 3962, der andere Frankfurt 1533. O. O. 1534, O. O. u. J. (1539) und Frankfurt 1557 folgten.

5) Augsburg H. Steyner 1524. Weller, repert. n. 3126. — Dasselbe ebenda 1528. Exemplar zu Darmstadt Hofbibliothek und Göttingen. vgl. Walther, neue Beiträge S. 50 n. 111. — Weigel, Kunstkatalog n. 21912.

6) Es kommen als Formen Anfangs des XVI. Jahrhunderts vor: Worms, Wormbs, Wurms und Würms.

II. Hans von Erfurt 1520—1521.

1. Biographie.

Als zweiter Wormser Typograph liess sich Hans von Erfurt, latinisirt Johannes Erfurdianus in Worms nieder. Er ist wahrscheinlich eine Person mit Hans Sporer, welcher in der Zeit von 1487—1493 zu Bamberg druckte,[1]) sich 1493 „Meister Hans Briefmaler", 1495 „Hans Buchdrucker von Nürnberg"[2]) und „Meister Hans Sporer"[3]) nannte und 1500—1504 zu Erfurt thätig war.[4]) 1500 druckte er zu Erfurt den „Weck" mit der Schlussschrift: Gedruckt zu Erffort pey Sant | Pauls pfarr genannt zu wyssen liligē | pergk ꝛc. Bis 1504 lässt sich seine Thätigkeit zu Erfurt nachweisen. Im Jahre 1515 taucht er zu Augsburg auf und druckt die „Chronica",[5]) 1519 das „Recept"[6]) und die Schrift: Sbrulius Richardus, Ad Maximilianum Sevenbergensem moduli aliquot. Impressa Auguste apud Johannem Erphordianum. 1519. III. Idus Nouembris. Quarto 6 Blätter.[7]) Bald darauf siedelte Hans nach Worms über und lieferte dort datirte Drucke zu 1520 und 1521. Auch in Worms war seines Bleibens nicht lange, er zog aus unbekannten Gründen nach Stuttgart und druckte den „Triumph" 1522[8]), worauf er sich nach Reutlingen wendete und 1526 den „Nottel" druckte.[9]) Seitdem verlautet von seinem Auftreten nichts mehr. Will man auch Wellers Annahme, dass Hans von Erfurt und Hans Sporer eine Person sind, nicht gelten lassen, so ist jedenfalls der Hans von Erfurt zu Augsburg, Worms, Stuttgart und Reutlingen identisch. Hans von Erfurt gehörte jedenfalls zu den wandernden Buchdruckern, welche entweder mit kleinem Gezeug versehen für Verleger Accidenzarbeiten und kleinere Schriften druckten oder ihnen zur Verfügung gestellte Pressen und Einrichtungen so lange benützten, als es ihnen oder ihrem Auftraggeber gefiel. In seinen Wormser Drucken bediente sich Hans von Erfurt nur einer einzigen abgenützten schlechten Type von solchem Schnitt, dass man sie sehr leicht unter vielen ähnlichen Schwabacher

---

1) Panzer, Annalen 244.
2) Ebenda 365—372, 400.
3) Ebenda 410.
4) Weller, repert. n. 161, 273.
5) Weller a. a. O. n. 588.
6) Weller n. 4089.
7) Panzer, Annales VI, 157, 167.
8) Weller n. 2284.
7) Weller n. 3937.

Typen mittlerer Grösse heraus unterscheiden kann. Die Herstellung ist bei manchen Drucken dem Register nach eine eilfertige, nachlässige, bei andern wiederum bessere. Die mittelgrosse Schwabacher Type des Hans von Erfurt, welche er zu Worms anwendete, ähnelt sehr der Type der Wormser Reformationen 1507—1513, wie sich auch Verwandtes zwischen seinen Initialen der Titel und denen der Wormser Reformationen zeigt. Es ist hier für eine Zeit, in der Schriftgiessereien massenhaft die Typen anfertigten und verkauften, schwer ein Urtheil zu fällen, ob eine Nachahmung oder ein Uebergang der Typen vorliegt, es ist aber möglich, dass Peter Drach III., welcher bekanntlich mehr Buchhandel trieb, als selbst druckte, aber zu Worms ein eigenes Haus und wohl auch Geschäft besass, den Hans von Erfurt 1520—1521 zu Worms beschäftigte und für die bessere Ausstattung Initialen für die Titel demselben zur Benutzung abliess.

2. Druckwerke.

a) Druckwerke mit Angabe des Orts, Jahres und der Firma.

1. DEs heyligñ Romischñ | Reichs Stend . mitsampt allē | Churfürsten vnd Fürsten ꝛc . | Gaistlichen vnnd Weltlichen, mit yren Titteln vnd | hoffgesynde, auch mit yren namen beschryben, vñ | geschickten Botschafften. So zū Worms, in | der Kayserlichen Reychstat. auff dem | yetztuergagēn löblichen Reychs | tag, in aygner Person. ver= | samelt vnnd Erschynen | seynndt . Im Jar . | M . D . vnd . XXI . | Holzschnitt darstellend den doppelten Reichsadler. | Rückseite leer.

Am Ende: ¶ Gedruckt in der Kayserlichen Freyen Reichs Stadt | Worms durch Hanns von Erfforth am Abendt | der geburt Marie der Junnckfrawen. Im | Jar M . D . vnnd XXI . | [1]) Rückseite dieses Blattes leer.

Kleinquarto, 30 n. gez. Blätter mit den Signaturen A_{II}—II_{III}. Schwabacher Type.[2])

Worms St. Paulusmuseum, germanisches Museum in Nürnberg, München Hofbibl.

Weller, repertorium n. 1948. — Lutherbibliothek des Paulus-Museums zu Worms S. 3 (mit der falschen Angabe: 4 Blätter Quarto).

b) Druckwerke ohne Jahrzahl.

1. ORatio ad | Sacratissimum | Caroli̅ Cesarem | Augustū Regem | Catholicum: Que | eu Magnifici Strenui nobiles . | Joannes Comes de Hardeckh | Glatz 7 Machlād . Christopher ỏ | du̅s de Ludmansssdorff. Joannes | Schnaytpeckh Juriu consultus: | prouinciaru inferioris

---

1) 7. September 1521.
2) Nach dem Wormser Exemplare.

austrie ca= | cellarius. Joannes de Lamberg | eques ex archiducatu austrie mu | nere legatiõis apud maiestatem | snam fungerentur . per prefatum | Cacellarium . XXVI. Septembris . | Anno . XX . Antwarpii dicta est . | Mit Randeinfassung. Rückseite des Titels leer.

Blatt 2 Vorseite: IN exordio orationum sacratissime Invictissime ac | Clemetissime Cesar Auguste Hispaniaȝ vtriusqz |

Am Ende Rückseite des vorletzten Blatts oben: Haud Impressum Wurmacie . | Per Joannem Erffor= | dianum . | Lindenblättchen.

Quarto, 6 n. gez. Blätter, deren letztes leer, mit den Signaturen A॥—A॥॥.¹) Schwabacher Type wie in den Ausgaben der Wormser Reformationen seit 1509.

Worms St. Paulusmuseum.
Panzer, Annales IX, 102.

2. Rede an Kaiser Karl V. 26 Sept. 1520 gehalten von Hans von Lamberg.
Am Ende: Wurmbs durch Hanns von Erfforth. O. J. (1520).
Quarto.
Quelle: Unbekannt.
Catalogue d'une collection précieuse (Sammlung Kuppitsch) n. 3842.
Weller, repertorium n. 1455.

3. Regimiento praeservativo compuesto por el Luis Lunez de Auila. Medico cirujano dela Cesarea Catholica Mt.
Am Ende: Iste Tractatus fuit Impressus in Almania in civitate Wurmatie per Joannem Erffordianum. O. J. (1520).
Quarto.
Quelle: Unbekannt.
Panzer, Annales IX, S. 102 n. 4 nach Catalogus bibliothecae Halleri. II, 2, 31 n. 141.

c) Druckwerke ohne Firmaangabe.

1. Hie nach volget | so Doctor Mar= | tinus Luter iüngst | gemacht hat . võ | Christlichs stan= | des besserung . | welches in de erst | gedrucktn̄ büch= | lein nitt begrif- | fen ist . |

Quarto, 4 Blätter mit den Signaturen Rij—Riij. O. O. n. J. n. F. (Worms Hans v. Erfurt 1521). Schwabacher Type in zwei Grössen, für den Titel eine grössere, für den Text eine kleinere abgenützte mittelgrosse wackelichte an ihrem seltsamen Aussehen leicht erkennbar. Die Majuskeln stehen ausser dem Register unter der Zeile, 34 Zeilen auf voller Seite. Auf dem Titel Zeile 2—3 stand ursprünglich Mar= | nus, der böse Fehler ward durch Einfügen eines ti (mit der Hand nachgedruckt) verbessert. Breite der Columnen 105 mm, 34 Zeilen auf voller Seite, darüber als Ueberschrift der Name Jesu.

---

1) Nach dem Wormser Exemplare.

Blatt 1 Rückseite: Jhesus . |CH weyss wol. das der Römisch hauffe, wird fürwendū: | vñ hoch auffblasen, ... Schliesst Blatt 3 v. 17: schwerdt regieren in allen dinngen . | Rest der Seite und Blatt 4 leer. Auf dem Titel fehlen über den i in in, nitt und ist die Puncte.

Die Schrift bildet das 26. Capitel der zweiten vermehrten Auflage der Schrift an den deutschen Adel und erscheint mit seinem Titel als selbständiger Druck, nicht als Theil der früheren beiden Auflagen, die keine Signatur K besitzen, zudem dieses Capitel eine zwischen das 25. und letzte Capitel gemachte Einschaltung ist.

Die Type gleicht der von Hans von Erfurt in des „Heiligen Reichs Stend" 1521 verwendeten und gehört mithin dieser Druck diesem Drucker ebenfalls zu.

Hamburg Stadtbibliothek.

A. v. Dommer, Lutherdrucke auf der Hamburger Stadtbibliothek. 1516—1523. Leipzig 1888. 8°. S. 83 n. 161. — Weller, repert. 2162 (etwas abweichend).

2. Doctoris Martini Luther Ap | pellation oder berūffung an | eyn Christlich frey Conci = | liū vō dem Bapst Leo | vnnd seynem vn = rechtem freuel | vorneweret | vnd repe | tiret . | Wittenberg | M . D . XX . |

Quarto, 4 Blätter mit den Signaturen A ij, A iij. O. F. (den Typen nach Hans von Erfurt Worms). Zweierlei Schwabacher Type, die grössere auf dem Titel und Blatt 1 Rückseite mehrere Zeilen. Blatt 2 Rückseite Zeile 1.

Blatt 1 Rückseite: Jhesus . | Eynem yglichñ frummē Chri = | sten sey bekant, . . . ꝛc.

Hamburg Stadtbibliothek.

v. Dommer S, 96 n. 184.

3. Römischer Kai . Mat. verhö = | rung Rede vñ widerrede | Doctor Martini Lu = | thers Augustiner Ordens zū Witten = | bergk , in gegenwūrdt der Chūr = | fürsten, Fürsten vñ Stenden | des heylige Reichs, auff | dem Reychstag zū | Wurmbs besche | hen . M . D . 21 . | Jare.

Quarto, 6 Blätter mit den Signaturen A ij—A iiij. O. F. (Hans von Erfurt Worms). Wohl vorläufiger erster Bericht über Luthers Auftreten, in der Eile zu Worms verfasst und gedruckt, aber mehr dem Hörensagen als einem Augenzeugen seinen Ursprung verdankend.

Hamburg Stadtbibliothek.

v. Dommer S. 119 n. 229. — Weller, repert. n. 1879. — Bibliotheca Haeberliniana IV, 319 n. 6159. Preis 3 Mark.

III. Hans Meihel 1529—1530.

1. Biographie.

Als dritter Wormser Buchdrucker liess sich Hans Meihel um 1529 zu Worms nieder. Ueber seine Herkunft und sein Leben ist Nichts bekannt. der Name Meihel kommt jedoch im XVI. Jahrhundert in Wormser Rathslisten noch später vor.

---

2. Druckwerke.

1529.

1. Kunss vnd recht Alcha | mai büchlin wie es dann die altenn | practicirt haben noch nie mehe | durch den Truck aussgan | gen noch iedermann | zu lesen worden . | Getruckt zů Wormbs durch Haus Meihel | zum liechtensteyn Anno 1529 |

Am Ende Blatt mit Signatur Riiij Rückseite: Volend iñ Herbstmond | Anno M . D . XXIX . |

Strassburg Univ.-Bibl.[1])

Format wohl Octavo. Verfasser ungenannt und unbekannt.

1530.

2. Uebersetzung des Timon des Lukian besorgt von Jacob Schenck Doctor der Rechte.

Wormbs Hans Meiel 1530.

Quarto, 28 Blätter.

Quelle: Unbekannt.

Goedeke, Grundriss, II. Aufl. II, 319.

---

1) Mittheilung aus Strassburg ohne Angabe des Formats.

IV. Hans Schiesser.

1. Biographie.

Ueber den Briefdrucker und Maler Hans Schiesser zu Worms ist nichts bekannt. Er gehörte zu der Gilde jener kleinen Drucker, welche sich mit der holzschnittgeschmückten Jahrmarktsliteratur der Einblattdrucke und kleinen Stücke volksthümlichen Characters beschäftigten, Maler und Holzschneider waren und meist die Drucke nicht selbst ausführten, sondern bei Andern drucken liessen. Ein Eberhardt Schiesser war 1501 Pfarrer zu Hattenheim im Rheingau, vielleicht gehörte er der Familie des Wormser Buchdruckers Schisser an.[1])

2. Druckwerke des Hans Schiesser.
1542.

1. Einblattdruck enthaltend den gereimten Text zu einem Holzschnittbildniss der Margaretha Weiss, geboren zu Rod im Bisthum Speier 1529, welche 26 Monate lang ohne Speiss und Trank gelebt.

  Ein warhafftig Contrafactur
   Hie angezeigt, auch recht figur,
  Eins junckfrewlins Margreta gnant,
   So in dem Bistum Speir vnd landt
  Geboren in eim dorff heist Rod,
   Durch Götlich fürsehung vnd gnad
  Im tausent fünff hundert XXIX. jar ꝛc.

Zwei Reihen Text, mitten darin zwei kolorirte Holzschnitte, unter der zweiten Reihe Text steht: J. W. Z. C.

Unten: Also zu drucken gefertiget, durch Hansen Schiessern Maler zu Wormbs, im jar nach der | gepurt Christi M.D.XLII. vnd volendt am XXI. tag Martij. | Darunter nochmals vier colorirte Holzschnitte. Die vier Holzschnitte Verbrechen und Strafen der Hexen vorstellend sind einem andern fliegenden Blatt entnommen, gehören nicht zum Ganzen, sondern stehen da, wo das fehlende Holzschnittbild der Margarethe Weiss stehen sollte, aber entfernt ist.

Grossfolio. Grosse Schwabacher Type.

Weder von Weller noch Goedeke gekanntes Unicum.

Catalog Antiquariat Rosenthal-München 65 n. 1511. Preis 36 Mark (das Wormser Exemplar).

---

[1]) Roth, fontes rerum Nassoicarum I, 2, S. 213—214.

V. Sebastianus Wagner 1535—1542.

1. Biographie.

Als vierter Wormser Buchdrucker liess sich Sebastianus Wagner um 1535 in Worms nieder und druckte bis 1542. Herkunft und nähere Lebensschicksale dieses Mannes sind unbekannt. Ob er mit dem Nürnberger Drucker Peter Wagner, welcher sich latinisirt auch Currifex nannte und zu Nürnberg von 1483 — 1500 mit Conrad Zwingers Type druckte, mithin jedenfalls dessen Nachfolger ward, zusammenhängt, ist unerwiesen, aber nicht unmöglich, da Nürnberg damals eine Menge Buchdrucker ausbildete, die sich anderwärts ansiedelten. Sebastian Wagners Thätigkeit war namentlich auf dem Gebiete der deutschen Literatur eine recht erspriessliche und besorgte er selbst Ausgaben solcher Denkmale, die ihm eine bleibende Erwähnung in der deutschen Literaturgeschichte zusichern. Möglicherweise besass er gelehrte Bildung. Er war, wie aus seinen Verlagswerken hervorgeht, Protestant. Ausser dem Verlage deutscher Literatur und volksthümlichen Rechts pflegte er wissenschaftliche Werke. Seine Drucke sind theilweise gut illustrirt und alle mit Orts-, Jahr- und Firmaangabe versehen. Um 1542 hörte seine Thätigkeit zu Worms auf; wohin sein Verlag nebst Druckeinrichtung kam, ist unbekannt. Ob Hofmann Verlagsrechte von Wagner erwarb, steht nicht fest. Es ist nicht ausgeschlossen, dass Wagner nach 1542 starb und jener Georg Wagner, der als selbständiger Drucker 1552 zu Mainz: Epistolarum familiarium M. T. Ciceronis libri XVI . ex eloquentissimorum Oratorum castigationibus recogniti, multo etiam quam antehac a mendis curiosius repurgati xc. Moguntiae excudebat Georgius Vuagnerus Anno M . D . LII. in Octavo.[1]) druckte und für Ivo Schoeffers selig Erben zu Mainz das Geschäft bis 1559 fortsetzte,[2]) ein Sohn und Verwandter Sebastian Wagners war.

2. Druckwerke.
1535.

1. Eyn gerichtlicher handel | zwischen den Allergrossmechtigsten Für= | sten vnnd Herren, Herrn Alexandro, dem grossen, | König zu

---

1) Würdtwein, bibliotheca Moguntina S. 195.
2) Klemm, Katalog S. 67 u. 231. vgl. meine Schoefferbibliographie im neunten Beiheft zum Centralblatt für Bibliothekswesen. 1892. S. 233.

Macedonia ꝛc. Vnnd Herrn C. | Julio Cesare, Römischen Keysern, | iñ der vorheit, vor Minoe, wei = | landt König zu Creta, | sampt seinen Rä = | then ꝛc . | Holzschnitt | Zů Wormbs truckts Seba = | stianus Wagner. |

Am Ende: In der Keyserlichen R(eichs) | statt Wormbs truckts Sebastianus (Wag) | ner Im Tausent, Fünffhund(ert) | dreissig vnnd fünfften jar . |

Folio, X gez. Blätter + 1 Blatt Register mit den Signaturen A bis C$_{III}$.[1])

Wernigerode fürstlich Stolbergische Bibliothek (Pc 435 miscell. 3). Mit beschädigtem Schlussblatt, die fehlenden Stellen in Klammern oben ergänzt.

1536.

2. DJe Lehenrecht Ver = | deüttscht: auch inn eyn | neüwe vnd richtige ordnung der | Tittel gesatzt vnnd zesa = | men bracht . | Mit erklerung vnnd auszlegung etlicher Latei = | nischer vnnd Welscher wort, welche nit | füglich iñs Deutsch haben ver = | ändert mögen werden . | Zu Wormbs truckts Sebastianus Wagner . |

Am Ende Blatt XXVIII Vorseite: Inn der Keyserlichen Frei | vnd Reichstatt Wormbs truckts Seba = | stianus Wagner, im jar nach der | geburt Christi vnsers lie = | ben Herrn vnnd | seligmach = | ers | M . D . XXXVI . |

Folio, 4 n. gez. Blätter + XXVIII gez. Blätter.[2]) Erste Wormser Auflage.[3])

Jena Univ.-Bibliothek (An: Bnd jus germ. f. 139 und nochmals Incun. XVII, f. 50/4).

3. Des hey = | ligen Römischen Reichs | Ordenungen . | Sampt der Gülden Bull | vnnd aller Reichsstäg Ab = | schieden . Besonderlich auch die Artickel vnd Or = | denungen, so je zuzeiten auffgericht, das Key = | serlich Regiment vnnd Chammerge = | richt belangend ꝛc. Jetzund new | vnd mit höchstem fleiss alle | zusamen getruckt vnd | an tag geben | do | mit die me = | niglich | be = | kündigt vnd gemeyn | werden mö = | gen . | Zu Wormbs truckts Se = | bastianus Wagner . |

Am Ende: In der Keyserlichen Frei vnd | Reichstatt Wormbs truckts | Sebastianus Wagner | iñ jar nach der ge = | burt Christi vn = | sers Her = | ren | M . D . XXXVI . |

---

1) Mittheilung aus Wernigerode.
2) Mittheilung aus Jena.
3) Das Buch bildet eine Uebersetzung aus dem Lateinischen des Eycke von Repgow. Eine frühere Auflage erschien mit dem Titel: Lehenrecht verteutscht, in newe ordnung der Titel gesetzt. O. O. u. J. u. F. Quarto. Weller, repertorium n. 49. Eine andere Auflage lieferte Johann Schoeffer zu Mainz 1530 und eine dritte Ivo Schoeffer zu Mainz 1531, beide Folio. vgl. Klemm, Katalog S. 58 n. 104 und meine Schoefferbibliographie im neunten Beiheft zum Centralblatt für Bibl. 1892. S. 77 n. 134 und S. 180 n. 2.

Folio, IV n. gez. Blätter + 207 gez. Blätter mit den Signaturen: Kleeblatt II bis Kleeblatt III, A — Z IIII, a — m IIII.¹) Erste Wormser Auflage.

Germanisches Museum zu Nürnberg, Jena.

1537.

4. DEs Hey= | ligen Römischen Reichs | Ordnnngen . | Die Gülden Bull, sampt aller gehaltner Reichsztäg | Abschieden . Besonderlich auch die Artickel vnnd | Ordnungen, so je zuzeitē auffgericht, das Key= | serlich Regiment vnd Chammergericht | belangend ꝛc. Jetzund new, vnd mit | höchstem fleisz, alle zusamen getru= | ckt, vnd añ tag geben, domit die | meniglich bekündigt, vñ ge= | meyn werden mögen. | ¶ Item es seind auch noch zwo newe Ordnungen vnd | Reformatiõ, das Keyserlich Chammergericht | betreffend, so zu Speier, iñ jarn 1527 . vnd | 1533 . auffgericht vnd beschlossen: wel= | che vormals im Truck nie auss= | gangen, jetzundt hierzů | gethon ꝛc . | ¶ Zu Wormbs truckts Seba= | stianus Wagner . | Rückseite des Titels leer.

Am Ende Vorseite des letzten Blatts: Iñ der Keyserlichen Frei vnd | Reichstatt Wormbs truckts Sebastianus Wag= | ner, iñ jar nach der geburt Christi vnsers | lieben Herrn vnd seligmachers, | M . D . XXXVII . |

Folio, 3 n. gez. Blätter + 1 leeren Blatt + CC gez. Blätter mit den Signaturen A — l ₁₁₁. Grosse Schwabacher Type. Blatt 2 Vorseite die Vorrede Sebastian Wagners als Herausgeber mit dem Datum: Geben zu Wormbs auff den XXX. tag Januarij, iñ jar . M . D . XXXVII . | Blatt 2 Vorseite guter Initial A.²) Zweite Wormser Auflage.

Worms, St. Paulusmuseum, Wernigerode fürstlich Stolbergische Bibliothek (Kk 60).

1538.

5. Freidanck . | Junerhalb einer Umrahmung von Randleisten in Holzschnitt: | Der Freidanck newe mit figuren, | Fügt Pfaffen, Adel, Leyen, Buren . | Man hielt etwañ vff keinē spruch nicht, | Welchē nit Herr Freidanck het gedicht | Das lasse dich nit wunder nemen, | Dañ, wiltu lern dein leben zemen . | Von vntugend vnd schand abziehen, | Ja, der welt üppigkeyt recht fliehen . | Wirt dir diser Freidanck bricht geben, | Auch dz du könst nach Fromkeyt strebē | Nach welcher das

---

¹) Mittheilung aus Nürnberg.
Eine frühere Auflage dieser Schrift ist: Satzung, Statuten vnd Ordnungen, Bestündiger, gutter Regierung. Einer billigen ordenlichen Policei In jeden Rechten gegründtes Ebenbild. Weilant in des Heiligen Reichs Statt Worms fürgenommen Jetz new restituirt vnd an tag geben. Franckfurt, Christian Egenolph, 1531. Mit Titelholzschnitt. Folio, VI + 80 Blätter. Die Wormser Ausgaben sind aber inhaltlich viel reicher.

²) Nach dem Wormser Exemplare.

ewig leben geht, | Wol dem, der bei diser ler besteht . | Zu Wormbs truckts Sebastia= | nus Wagner . |

Am Ende Blatt XL Vorseite: Iñ der Keyserlichen Frei vnd | Reichstatt Wormbs truckts Sebastianus Wag= | ner, Iñ jar, nach der geburt Christi. | M . D . XXXVIII . |

Folio, 43 Blätter mit den Signaturen: Kleeblatt II, Kleeblatt III = 3 Blätter Titel und Vorwort + I—XL gez. Blätter A—Kiij.[1]) Mit Holzschnitten der Schule Hans Baldungs.

Wernigerode fürstlich Stolbergische Bibliothek (Pk 96), Darmstadt Hofbibliothek, Wolfenbüttel herzogl. Bibl. (16. 4. Poet. 2°). München Hofbibliothek, Göttingen, Dresden.[2])

Goedeke, Grundriss I. 143 und 1153. — II. Auflage I, 391. — Weigel collectio n. 13359. — Walther, neue Beiträge zur näheren Kenntniss der Hofbibl. zu Darmstadt S. 59 n. 207. — Graesse, trésor II. s. v. — Catalog Antiquariat Rosenthal-München 65 n. 183. Preis 36 Mark.

6. De reg= | no, civitate, et domo | Dei, ac Domini nostri JESU Christi. | Libri tres, ex uetustissimis Crea= | turae ac Scripturae libris, | per D. Franciscum | Lambertum | Avenionen . collecti, & per Gerar- dum | Geldenhaurium Noviomagum | recogniti, in ordinemqz | digesti . | Lectori . | Hic disces: Christiane lector: quis uerus ad | gloriam Dei, librorum tam Creatu= | rae quam Scripturae usus sit . | In Veteri Vangionum | Vormatia &c . |

Am Ende: In Veteri Vangionum | Vormatia excude= | bat Seba- stianus | Wagner, an= | no Domi= | ni | M . D . XXXVIII . |

Octavo, 151 gez. Seiten mit den Signaturen A_2—L_3.[3])

Wernigerode fürstlich Stolbergische Bibliothek (Hc 679).

7. Die Mörin . | EYn Schöne Kurtzweilige | vnd Liebliche Histori, welch durch weylandt Herr Her= | man von Sachsenheym Ritter (:eyns abentheurlichen handels halben, so jm | iñ seiner jugent begegnet:) beschriben, vnd hernach die Mörin genant ist . | Allen denen, so sich der Ritterschafft gebrauchen: Auch zarter | fräwlin diener gern sein wolten: Nit alleyn zu lesen lustig, | vnd kurtzweilig, sonder auch zu getrewer warnung | nützlich vnd erschiesslich ꝛc . an tag geben . | Grosser Holzschnitt eine Gerichtsscene darstellend | Zu Wormbs truckts Seba= | stianus Wagner . |

Am Ende Blatt M_{III} Rückseite: Inn der Keyserlichen Frei vñ | Reichstatt Wormbs truckts Sebastianus Wag= | ner, Nach Christi geburt, im jar . | M . D . XXXVIII . |

[1]) Mittheilung aus Wolfenbüttel und Wernigerode.
[2]) Mittheilung aus Wolfenbüttel und Wernigerode.
Diese Ausgabe des Freidank ist nicht die erste. Eine frühere von Sebastian Brant besorgte Ausgabe erschien 1508 bei Johannes Grüninger zu Strassburg auf 74 Blättern Quarto. vgl. Weller, repert. n. 435. Wie sich deren Text zu den Wormser Ausgaben verhält, kann ich nicht angeben.
[3]) Mittheilung aus Wernigerode.

Grossquarto, mit den Signaturen: Kleeblatt II, Kleeblatt III = 3 Blätter und A—M_III mit XLVII gez. Blättern. Die Vorrede des Herausgebers Johannes Adelphus an Herrn Jacoben Bock Rittern x ist datirt: Strassburg 1. November 1512.[1]) Ueber den Künstler, welcher die Holzschnitte fertigte, vgl. Rumohr, Geschichte der Formschneidekunst S. 124. — Die Holzschnitte selbst entstammen der Strassburger Ausgabe 1512.

Wernigerode fürstlich Stolbergische Bibliothek (P k 146), Wolfenbüttel (aus 16. 4. Poet. 2°), Berlin kön. Bibl., Darmstadt Hofbibl., München Hofbibliothek, Zürich, Dresden, Jena (defect).

Graesse, trésor s. v. — Goedeke, Grundriss I, 86. II. Auflage I, 442. — Walther, neue Beiträge S. 59 n. 206. — Collectio Weigeliana n. 20,787[a]. — Baumgarten, Nachrichten II, 237 f. — Weller, Annalen II, 299.

Neudruck von E. Martin in: Bibliothek des literarischen Vereins zu Stuttgart CXXXVII. S. 8, woselbst Angaben über diesen Druck.

8. Holzschnitt | DISCH-ZUCHT GEMERT VND GEBESSERT. | Mit sampt eynē Benedicite, vor, vnd eynem Gratias, | nach dem essen, darzu die Zehen gebott. | Der Edlen vnd zarten Jugent zu nutz vnd wolfart leibs | vnnd der seelen x. an tag geben. | Zu Wormbs truckts Sebastianus Wagner. | Holzschnitt. |

Am Ende: Zu Wormbs truckts Sebastianus Wagner, im jar nach Christi geburt, M. D. XXXVIII. |

Octavo, 8 Blätter. Ganz in Versen.

München Hofbibliothek.

Neudruck von Weller: Dichtungen des XVI. Jahrhunderts in der Bibliothek des literarischen Vereins CXIX (1874) S. 59—77, daselbst fehlen die Angaben über Format und Aufbewahrungsort des benutzten Exemplars, die ich nach Weller, repert. Supplement I, n. 181 ergänzte.

1539.

9. Freidanck. | Darunter Titeleinfassung bestehend aus sechs einzelnen Holzstöcken mit allegorischen Darstellungen, die sich auf den Inhalt des Buchs beziehen. Innerhalb zwei Figuren, darunter:

Der Freidanck new mit figuren.
Fügt Pfaffen, Adel, Leyen, Buren.
Man hielt etwan vff keynē spruch nicht,
Welche nit herr Freidanck hett gedicht.
Das lasse dich nit wunder nemen,
Dañ, wiltu lern dein leben zemen.
Von vntugend vnd schand abziehen,
Ja, der welt üppigkeyt recht fliehen.

---

[1]) Mittheilungen aus München, Wolfenbüttel und Wernigerode.
[2]) Eine frühere Ausgabe bei Weller, Repert. Supplement I, n. 181. Eine spätere Ueberarbeitung lieferte 1531 Hans Sachs.

Wirt diser Freidanck bricht geben,
Auch dz du könst nach fromkeyt strebe.
Nach welcher das ewig leben geht,
Wol dem, der bei diser ler besteht.

Unterhalb der Einfassung: Zu Wormbs truckts Sebastia= | nus Wagner. | Rückseite des Titels leer. Blatt 2 Vorseite grosser Initial in Schrotmanier und Sebastian Wagners Vorwort als Herausgeber des Freidanks: Geben zu Wormbs den XXVIII. tag Augusti. Anno M. D. XXXVIII. | Blatt 2 Rückseite von sehr merkwürdigen in zwei Reihen links und rechts angeordneten Holzstöcken umgeben gereimte Vorrede, in ähnlicher Ausstattung auf Blatt 3 Vor- und Rückseite das Register, hierauf ein leeres Blatt und der Text. Zweite Wormser Ausgabe.

Am Ende Vorseite des letzten Blatts innerhalb zweier Querholzschnittleisten: Iñ der Keyserlichen Frei vnd | Reichstatt Wormbs truckts Sebastianus Wag= | ner, Iñ jar, nach der geburt Christi, | M. D. XXXIX. | Rückseite leer. Mit 50 Holzschnitten mittleren Werths.[1]

Folio, 3 n. gez. Blätter + 1 leeren Blatt + XL gez. Blätter A — K$_{III}$.

Worms St. Paulusmuseum, Wernigerode fürstlich Stolbergische Bibliothek (P k 97), München Hofbibliothek, Wolfenbüttel, Hamburg Stadtbibl.

Goedeke, Grundriss I, 143. II. Aufl. I, S. 391.

10. Mörin. | EYn Schöne Kurtzweilige | vñ liebliche Histori, welch durch weiland Herr | Herman von Sachsenheym Ritter (eyns abentheurlichen handels halbe, so | jm iñ seiner jugent begegnet) beschriben, vnd hernach die Mörin genant | ist. Allen denen, so sich der Ritterschafft gebrauchen: Auch zarter | fräwlin diener gern sein wolten: Nit alleyn zu lesen lustig, | vnd kurtzweilig, sonder auch zu getrewer warnung | nützlich vnd erschiesslich ꝛc. añ tag geben. | Grosser Holzschnitt | Zu Wormbs truckts Seba= | stianus Wagner. | Rückseite leer.

Auf der Vorseite des letzten Blattes: Iñ der Keyserlichen Frei vnd | Reichstatt Wormbs truckts | Sebastianus Wagner | iñ Jar nach der ge | burt Christi vn= | sers Her= | ren | M. D. XXXIX. | Rückseite dieses Blattes leer. Dem Jacoben Bock Ritter von Johannes Adelphus Physicus gewidmet. Blatt 2 Vorseite die Widmung an Jacob Bock Ritter datirt: Geben zu Strassburg an dem ersten tag Nouembris, iñ Jar nach Christi geburt, vnsers Herren vnnd seligmachers, Tausent, Fünffhundert vnd Zwölfften.

Folio, 3 n. gez. Blätter Titel, Vorwort und Register + XLVII gez. Blätter Text mit den Signaturen A—M$_{III}$ + 1 n. gez. Blatt, auf dessen Vorseite die Schlussschrift. Mit zwanzig Holzschnitten, deren manche doppelt verwendet.[2] Dritte Wormser Ausgabe, vierte der Schrift.

---

1) Nach dem Wormser Exemplare.
2) Nach dem Wormser Exemplare.

Worms St. Paulusmuseum, Göttingen Univ.-Bibl., gräflich zu Eltz'sche Bibliothek zu Schloss Eltz, Berlin kön. Bibl., Wolfenbüttel (261, 1. Hist. 2⁰), Strassburg Univ.-Bibl., Nürnberg german. Museum, Dresden.

Goedeke, Grundris I, 86, II. Aufl. I, 294, I, 442. — Wackernagel, altdeutsches Lesebuch ed. 1, S. 997. — ed. V. S. 1389. (Abdruck eines Stückes dieses Gedichts.). — Baumgarten, Nachrichten II, S. 237 f. — Graesse, trésor s. v. — Ebert, allgemeines bibliographisches Lexicon n. 14,178.

Zu bemerken ist, dass diese Ausgabe von der editio princeps darin abweicht, dass die poetische Nachrede am Schlusse fehlt und die Ausgabe 1539 am Anfange ein Register der Capitel besitzt; der Text ist zudem im Sinne der Reformation namentlich die Stellen über Maria verändert, auch erscheint die Sprache hochdeutscher. vgl. den Neudruck von E. Martin S. 8. — Catalog Antiquariat Rosenthal-München XLVII, S. 82 n. 1336. Preis 175 Mark.

11. Lindenblättchen APOLO= | GIA THEOBALDI GERLA- | chij Billicani, ad Clariss. uirum | Joañ. Stoplerum, Cancella- | rium Brunsuicens. De | commento renoca- | tionis per aemu- | los uulga- | to. | IN VETERI VANGIONVM | VORMATIA EXCVDE- | BAT SEBA-STIANVS | WAGNER. | Rückseite des Titels leer.

Dem Johann Stoplerus iuris utriusque professor illustrissimi principis Henrici iunioris ducis Brunswicensium cancellario gewidmet.

Am Ende Vorseite des letzten Blatts Epigramme: Lucas s. lectori. (zwei) und: Joann. Wagenmanus invido.

Rückseite des letzten Blatts: IN VETERI VANGIONVM | VORMATIA EXCV= | DEBAT SEBA= | STIANVS | VVAGNER, MENSE | FEBRV. ANNO | DOMINI | M. D. XXXIX. |

Klein Octavo, 44 n. gez. Blätter mit den Sigaturen A₂—F₃, deren letztes leer, Antiquatype nebst Antiquacursiv. Mit Initial Seite 2 Vorseite. [1]

Worms St. Paulusmuseum.

1541.

12. DJe Lehenrecht | verdeüttscht: auch | inn eyn newe vnd richtige | ordnung der Tittel ge= | satzt vnd zusamen | bracht. | Mit erklerung vnnd ausslegung etlicher Latei= | nischer vnnd Wälscher wort, welche nit | fůglich iñs Deutsch haben ver= | ändert mögen werden. | Zu Wormbs truckts Seba= | stianus Wagner. |

Am Ende: Inn der Keyserlichen Frei | vnd Reichstatt Wormbs truckts Seba= | stianus Wagner, iṁ jar nach der | geburt Christi vnsers lie= | ben Herrn vnnd | seligmach= | ers. | M. D. XLI. |

Folio, 4 n. gez. + XXVIII gez. Blätter mit den Signaturen A — G ₁₁₁.[2] — Zweite Wormser Auflage.

Wernigerode, fürstlich Stolbergische Bibliothek (K q 83). Jena.

---

1) Nach dem Wormser Exemplar.
2) Mittheilung aus Wernigerode.

1542.

13. Fraw Vntrew . | Zum Leser . |
Kumpt her, vnd lesst diss new gedicht,
Was Fraw Vntrew hat zugericht ꝛc
(zwölf Zeilen).
Zu Wormbs truckts Sebastianus Wagner . |
Am Ende: Zu Wormbs truckts Sebastianus Wagner, Ifn jar nach der geburt Christi vnsers Herren, M . D xlii . |
Quarto, 20 Blätter zu 5 Bogen mit einem Holzschnitt.
Zürich und Ulm Stadtbibliothek.
Weller, Annalen II, 319. — Butsch, Antiquarische Monatsblätter 1862. n. 50. S. 411. — Anzeiger für Kunde der deutschen Vorzeit. 1857 Spalte 111. — Weller, repertorium n. 928.
Verschieden aber verwandt mit der Schrift des Johann von Morssheim: Spiegel des Regiments. Goedeke. Grundriss, II. Auflage, I, 392. IV. Beiheft zum Centralblatt für Bibliothekswesen: Die Buchdruckerei des Jacob Koebel zu Oppenheim S. 11 n. 14 (Oppenheim 1515).

1547.

14. Die Lehenrecht verdeutscht: auch inn eyn newe vnd richtige ordnung der Tittel gesatzt vnd zusammenbracht . Wormbs, Sebastian Wagner 1547.
Kleinfolio. Dritte Wormser Auflage.
Quelle: Unbekannt.
Catalog Antiquariat Völker Frankfurt a. Main Nr. 55 n. 208. Preis 3 Mark.
Bemerkt sei zu dieser übrigens nicht unglaubwürdigen Catalogangabe, dass das gleiche Antiquariat bereits 1875 in Antiquarischer Anzeiger Nr. 48 n. 883 ergänzte: „Lehenrecht, verdeutscht: auch inn eyn newe und richtige ordnung der Tittel gesatzt und zusammenbracht. Kleinfolio. Wormbs. Seb. Wagner. 1541. Selten. Preis 1 Thaler. Titel und Preis b e i d e r Kataloge stimmen nun so sehr überein, dass möglicherweise durch Schreib- oder Druckfehler aus 1541 eine Ausgabe 1547 entstand.

VI. Gregorius Hofmann 1542—1552.

1. Biographie.

Die Herkunft Gregor Hofmanns latinisirt - graecisirt Comiander, ist nicht bekannt. Er liess sich 1542 in Worms nieder und druckte vorerst ohne Firma-, Orts- und Jahresangabe, nach 1542 auch mit diesen Angaben, ohne gerade dieses zur Regel zu machen. Er war vielleicht mit Melchior Hoffmann in Strassburg, einem Anhänger der Wiedertäufer,[1]) verwandt und somit wie Caspar Scheidt ein Elsässer. Letzterer veranlasste ihn vielleicht zur Niederlassung zu Worms als Buchdrucker. Hofmann ist der bedeutendste aller Wormser Buchdrucker geworden. Dieses verdankte er in erster Linie der Unterstützung eines Mannes, der unter den Satirikern und volksthümlichen Autoren des XVI. Jahrhunderts eine der ersten Stellen einnimmt und auch als Lehrer des Johann Fischart von Bedeutung ist, des Caspar Scheidt „Paedagogum" zu Worms.[2]) Hofmann druckte fast alle Schriften Scheidts in ersten Auflagen und gewinnt dadurch eine literarische Stellung von Betracht. Hofmann war wie Scheidt Protestant, wie sein Verlag beweist. Scheidt machte ihn mit seinen Gönnern dem Jacob von Wachenheim und dessen Gattin Anna von Erntraut (Irmtraud in Nassau) einer hochgebildeten für Literatur begeisterten Edelfrau bekannt, welche auch dem Hofmann eine Gönnerin ward und denselben zum „Gevatter" machte. Eins der ersten Erzeugnisse der Hofmann'schen Presse scheint ein verschollenes Hochzeitsgedicht auf Jacob und Anna gewesen zu sein, welches Scheidts Feder entstammte. Später druckte Hofmann die frölig Heimfahrt Scheidts, worin dieser den Lebenslauf der Anna beschrieb. Länger als 1552 lässt sich Hofmanns Wirken in Worms aus Titelblättern und Schlussschriften nicht feststellen, er druckte aber mit Wahrscheinlichkeit noch länger und liegt die Vermuthung sehr nahe, dass alle Ausgaben des Todtentanzes, welche O. O. u. F. erschienen,

---

1) Er war Wiedertäufer, ward 1527 aus Worms vertrieben und starb 1535 zu Strassburg. vgl. Becker, Beiträge S. 46. Gegen ihn erschien: Handlung inn dem | öffentlichen gespręch zu Straszburg | jüngst im Synodo gehalten. gegen Melchior Hoff- | man, durch die Prediger daselbst, von vier fůr- | nemen stuckẽ Christlicher leere, vñ haltung, | sampt getrewem dargeben, auch | der gründen, darauff Hoff- | man seine jrthumben setzet. | Strassburg M. Apiarius, 1533. Quarto. 46 Blätter.
Bibliotheca Haeberliniana IV, S. 301 n. 5942.

2) Ueber Scheidt vgl. allgemeine deutsche Biographie XXX, S. 721 (Stranch). — Hauffen, A. Caspar Scheidt der Lehrer Fischarts. In Studien zur Geschichte der grobianischen Litteratur in Deutschland. Strassburg 1889.

trotz ihrer Anonymität Arbeiten Gregor Hofmanns sind, er vielleicht den 1564 mit Frau und Kind zu Worms an der Pest gestorbenen Scheidt noch überlebte und nach dessen Tod eine neue Auflage des Todtentanzes als letzte Wormser 1573 lieferte.

Hofmanns Drucke sind vom typographischen Standpuncte aus gute Arbeiten, theilweise reich illustrirt, doch gehen in den meisten Fällen die Illustrationen nicht über das Mittelgut hinaus, was mit der verfallenden Kunst in der Zeitperiode der Spätrenaissance zusammenhängt. Sein Verlag umfasste namentlich lateinische Schulbücher und Uebersetzungen von Classikern.

Als Druckermarken führte Hofmann zwei Grössen einer Darstellung. Die grosse Druckermarke zeigt zwei von zwei Händen kreuzweise gehaltene Fackeln, die Stiele der Fackeln laufen in Pfeilschaften aus, die kleinere Druckermarke zeigt gleiche Darstellung aber verkleinert. Ausserdem kommt diese Darstellung mehrfach in Titeleinfassungen eingeschnitten vor.

Was aus Hofmanns Geschäft nach dessen Ableben ward, steht nicht fest, ein Buchdrucker Nicolaus Hoffmann druckte 1575 zu Frankfurt a. Main das Buch: Wolfgangi Figuli Numburgani Cantionum sacrarum 8, 6, 5, 4 vocum, primi toni decas prima. Cum praefatione Germanica Reverendi patris D. Mart. Lutheri ante non impressa. Francofurti apud Nicolaum Hoffmann. 1575. 4°. 8 Stimmbücher. Derselbe entstammte vielleicht Hofmanns Familie.[1])

---

2. Druckwerke.

a) Druckwerke mit Angabe des Orts, Jahrs und der Firma.

1542.

1. DEr Statt Wormbs | Reformation: Auch | enderung vñ mehrung | etlicher dariñ verleibter Gesetze, sampt | der Keyserlichen Confirmation | dieser Reforma = | tion . | Wormser Stiftswappen von Drachen gehalten, sehr einfache Darstellung in Holzschnitt | Gedruckt zu Wormbs, durch | Gregorium Hofman . | Rückseite des Titels leer.

Am Ende: In der Keyserlichen Frey | vnd Reichstat Wormbs | druckts Gregorius Hofman. im | jar nach der gepurt Chri = | sti vnsers Herren | M . D . XLII . |

---

1) Erwähnt sei, dass ein Balthasar Hoffmann (Balthasarus Aulacander Anfangs des XVII. Jahrhunderts zu Darmstadt druckte. Er lieferte Steganographia, hoc est: ars per occultam scripturam animi sui voluntatem absentibus aperiendi certa. Cum 2 clavibus. Darmbstadii, Balthas. Aulacander. 1621. Quarto.

Noch 1689 gab es Hofmann in Worms. Philipp Hofmann war 1689 Alt-Stadtmeister und Ratsenior zu Worms. vgl. F. Soldan, die Zerstörung der Stadt Worms im Jahre 1689. Worms. 1889. Quarto S. 33.

Folio. 12 n. gez. Blätter Titel, Register und Vorrede, + CLXXIII gez. Blätter + 1 n. gez. Blatt mit der Schlussschrift auf der Vorseite. Rückseite leer. Schwabacher Type.[1])
Mainz Stadtbibliothek, Worms St. Paulusmuseum (zwei Exemplare).

2. Satzungen, Statuten, vnd | Ordenungen, Rechtmessiger, Beständiger, vnd | ordentlicher Policei, In Geschribenen Rechtenn, | vnd Natürlicher billicheit gegründtes Ebenbild . | Allen Herrschafften vnd Vnderthanen, Stetten, Commu | nen, Regimenten, Gerichts vnd Raths verwandten, In Burgerlichen | vnd Rechtlichen Händeln, fast behülflich vnd notwendig . | Weiland in des H. Reichs Statt Worms, fürgenommen, Jetz new mit | höchstem fleiss, beneben Keyserlicher Confirmation Restituirt . | Holzschnitt, oben Themis mit verbundenen Augen, unten der Kaiser, rechts unten der Verbrecher vor der Waage der Gerechtigkeit . | Rückseite des Titels leer, dann Register.

Vorseite des letzten Blatts: In der Keyserlichen Frey | vnd Reichstat Wormbs | druckts Gregorius Hofman, im | jar nach der gepurt Chri = | sti vnsers Herren | M . D . XLII . | Rückseite dieses Blattes leer.

Folio, 12 n. gez. Blätter Titel, Register und Vorwort + Blatt I — CLXXIII mit den Signaturen aa$_{II}$ — cc$_{III}$ und A --- Tt$_{IIII}$ + 2 n. gez. Blätter, Schwabacher Type.[2])

Worms St. Paulusmuseum, Jena.

1543.

3. Vergilij | Maronis drey | zehen Aeneadische | bücher, von Troianischer | zerstörung, vnd auff = | gange des Römi = | schen Reichs . | drei Kleeblättchen | Mit Randeinfassung, worin oben die Zahl 1543, links stehender Krieger mit Wappenschild, worin zwei Druckerballen, rechts ein gleicher Krieger mit drei Schildchen im Wappenschilde, unten Greife mit dem Wappen Gregor Hofmanns. Roth - und Schwarzdruck.

Rückseite des Titels: Eine kurtze vorrede zu dem Leser. Blatt 2 Rückseite ein blattgrosser Holzschnitt. Herausgeber dieser Virgilübersetzung in Versen ist Thomas Murner. Erste Ausgabe Strassburg 1515

Auf der Vorseite des letzten Blatts: Gedruckt zu | Wormbs, durch | Gregorium | Hofman . | Auf der Rückseite die Druckermarke Hofmanns: zwei Hände mit zwei gekreuzten brennenden Fackeln.

Octavo, Signaturen A$_{II}$ — tv, ohne Blattzahlen, zweierlei Schwabacher Type. Mit je einem Holzschnitte zu den einzelnen XIII Büchern des Vergil.[3]) Catalog Antiquariat Lissa - Berlin 3 (1890) n. 153. Preis 45 Mark.

Mainz Stadtbibliothek.

---

1) Nach dem Mainzer Exemplar.
2) Nach dem Wormser Exemplar.
3) Nach dem Mainzer Exemplar. — Catalog Völker Antiquariat Frankfurt a. Main 98 n. 1146 erwähnt: „Zwölf Bücher von Eneas sampt Maphei Buch von Eneas. Deutsch von Th. Murner. Worms 1543. 12. Mit Holzschnitten."

4. Catechismus | vnd anweisnng | zu Christlichem | glauben, | in | Frag vñ Antwort gestelt | für die Jugent vñ an= | dere Einfältigen | der kirchen zu | Wormbs . | M . D . XLIII . | Mit Titeleinfassung darstellend Scenen aus der heiligen Schrift, links Abrahams Opfer, rechts ein Hohepriester, unten das Abendmahl.

Auf der Rückseite des Titels: Allen liebhabern des hei= | ligen Euangelij zu Wormbs, die | Gott im Grund jres hertzens suchen, | Wünsch ich Leonhart Brunner, | diener des Worts Got= | tes, mehrung des | glaubens . | 2c. In dieser Vorrede sagt Leonhard Brunner ausdrücklich, dass er vom Rathe zu Worms zur Bekämpfung der Secten (Wiedertäufer) berufen ward. Leonhard Brunner war trotz seiner Stellung zur Wormser Bibel als Verfasser einer Concordanz dazu, orthodoxer Richtung.

Mit dem Anhange: Etliche Gebet, so die kin= | der täglich in der Teutschen | Schulen zu Wormbs, beten . |

Octavo. Zweierlei Schwabacher Typen wie in Hofmanns Vergilausgaben.

Worms St. Paulusmuseum. Das defecte Exemplar diente in seinen einzelnen Lagen verklebt als Buchdeckel, die einzelnen Bogen wurden hierfür vom Buchbinder nach der Grösse des einzubindenden Buchs verschnitten, wobei Theile von Blättern, manche ganz fehlen. Vorhanden sind:

Bogen I. Titelblatt vollständig und nochmals der obere Theil, Signatur A ii und A iij fehlen, Signatur A v mit den drei nicht signirten Gegenblättern sind vorhanden.

Bogen II. Blatt 1 vorhanden, 2 und 3 fehlen, 4, 5 und 6 nur halb vorhanden, 7 und 8 vorhanden.

Bogen III. Blatt 1 fehlt, 2 halb vorhanden, 3 vorhanden, 4 fehlt, 5 und 6 vorhanden, 7 und 8 nur halb erhalten.

Bogen IV. Blatt 1 fehlt, 2 vorhanden, 3 halb, 4 fehlt, 5 und 6 halb, 7 und 8 vorhanden.

Bogen V. Blatt 1 fehlt, 2 halb, 3 vorhanden, 4 fehlt, 5 und 6 vorhanden, 7 und 8 halb.

Bogen VI. Blatt 1 halb, 2 fehlt, 3 vorhanden, 4 fehlt, 5 und 6 vorhanden, 7 halb, 8 fehlt.

Bogen VII. Blatt 1 kleines Stück vorhanden, 2 halb, 3 vorhanden, 4 fehlt, 5 und 6 vorhanden, 7 und 8 halb.

Bogen VIII. Blatt 1 halb, 2 und 3 fehlt, 4, 5 und 6 vorhanden, 7 und 8 halb.

Defect und ohne Titel. Ob dieses die Wormser Ausgabe 1543? — Völker scheint aber ein Exemplar mit Blattzahlen gehabt zu haben, da er die fehlenden Blätter mit deren Nennung angiebt. Nochmals erwähnt Catalog Völker 167 n. 950.

Eine weitere Auflage erschien zu Frankfurt a. M. 1559 (Dav. Zipffel). 8°.

Catalog Lissa Antiquariat - Berlin 3 (1890) n. 154. — 13 Holzschnitte, welche von denen der Wormser Ausgaben abweichen und von Sigmund Feyerabend in Jost Ammans Manier gefertigt sind.

Ein Schlussblatt mit Angabe der Firma fehlt, ich stehe aber nicht an, den Druck dem Gregor Hofmann auf Grund der Typengleichheit und zwar zum Jahre 1543 zuzuweisen. Der Stoff des Katechismus ist ganz abgehandelt, am Ende folgt auf zwei nicht ganz erhaltenen Blättern der oben erwähnte Anhang.[1])

Den Bibliographen unbekannter interessanter Wormser Katechismus.

1545.

5. Vergilij | Maronis | drey | zehen Aeneadische | bücher, von Troianischer | zerstörung, vnd auff= | gange des Römi= | schen Reichs. | Zwei Kleeblättchen | Ein Kleeblättchen | Roth- und Schwarzdruck. Die Titeleinfassung ist zwar die gleiche wie in dem Drucke 1543, oben steht jedoch die Jahrzahl 1545 statt 1543. Die Schlussschrift ist mit der der Ausgabe 1543 gleich.[2]) Die Ausgabe 1545 hat jedoch Blattzahlen und graphische Abweichungen, so dass keine Titelauflage, sondern ein Neudruck vorliegt. Die Zahl 1545 in der Titeleinfassung ist jedenfalls typographisch hergestellt, nachdem man die Zahl 1543 im Holzstocke ausgespart.

Mainz Stadtbibliothek, Worms St. Paulusmuseum, Wernigerode fürstlich Stolbergische Bibliothek.

6. DE AFFLI= | CTIONE, TAM CA- | PTIVORVM QVAM ETIAM SVB | Turcae tributo uiuentium Christianorum, cum figuris | res clare exprimentibus. Similiter de Ritu, deq́z Caere= | monijs domi, militiaeq́z ab ea gente usurpatis. Additis | nonnullis lectu dignis, linguarum Sclauo= | nicae et Turcicae, cum inter= | pretatione Latina, | libellus. | Autore Bartholomaeo Gyurgieuits, peregrino Hieroso= | lymitano, qui per duos menses cathena collo uin= | ctus, saepe uenundatus, XIII. annos apud | eosdem seruitutem seruiens, omnia | experientia uidit et didicit. | Holzschnitt darstellend den Kopf eines Türken | Cum gratia & Priuilegio Caesareo, ad ' biennü, sub poena . C . Karlol' & | librorum confiscatione. | Auf der Rückseite des Titels Epigramme. Dem Kaiser gewidmet Löwen idibus Mars.[3])

Auf der Rückseite des vorletzten Blatts: IN VETERI VANGIONVM | VORMATIA EXCVDE- | BAT GREGORIVS | COMIANDER, |

---

1) Nach den eingehenden brieflichen Mittheilungen des Herrn Dr. Weckerling zu Worms.

2) Nach dem Mainzer Exemplar.

3) Der Verfasser dieser Schrift gab ferner heraus: Lindenblättchen Programma, siue | PRAESAGIVM MEHEME | tanorum, primüm de Christianorum calamitatibus, deinde de suae , gentis interitu ex Persica | lingua in Latinum | sermonem con | uersum . | Auth . Bartholomaeo ' Georgieuits . ' Reichsadler doppelter mit Krone | Cum Gratia et Preuilegio | (ohne Schlusspunkt). Rückseite des Titels leer.

Dem Grafen Otto von Waltpurg Bischof von Augsburg, als derselbe zum Reichstage zu Worms weilte, von Bartholomaeus Georgieuits gewidmet: Louani 16. Calend. April . Anno . 1545 . '

Kleinoctavo.

Worms St. Paulusmuseum.

ANNO | M . D . XLV . | Die Vorseite des folgenden letzten Blatts leer, auf der Rückseite Holzschnitt, mitten kniender Pilger mit Muschelhut und Stab ein Buch in den Händen vor dem Crucifix betend, mit Spruchband: Dirupisti dñe vincula mea, tibi sacrificabo hostia laudis. Oben hält ein Engel eine Tafel mit der Inschrift: Deus Israel dux eius fuit, & non erat cum eo Deus alienus . Ps. Ringsum steht: Bartolomaeus Gyvrgievits peregrinus hierosolymitanus, in Majuskeln.

Klein Octavo, 36 n. gez. Blätter mit den Signaturen $A_2 — E_3$ und vielen Holzschnitten. [1])

Worms St. Paulusmuseum.

1547.

7. AELII DO = | NATI VIRI CLA - | RISSIMI, DE OCTO PAR - | tibus orationis methodus, | quaestiunculis puerilibus undiqz collectis illu = | strata, per LEONHARDVM | CVLMANNVM | Crailssheymen = | sem . | Kleinere Druckermarke Gregor Hofmanns: zwei gekreuzte von Händen gehaltene Fackeln | WORMATIAE . | M . D . XLVII . | Rückseite: THOMAS VENA - | TORIVS, Epigramm desselben.

Dem Christoph Choler Patricier zu Nürnberg gewidmet von Leonhardus Culman mit dem Datum: Norimbergae ex schola Ptochotrophij. Calend . Maij . 1534 . |

Auf der Rückseite des letzten Blatts Hofmanns grosse Druckermarke.

Kleinoctavo, 66 n. gez. Blätter mit den Signaturen $A_2 — II_7$, Antiquatype mit Antiquaecursiv. [2])

Worms St. Paulusmuseum.

Catalog Antiquariat Isaac St. Goar Frankfurt a. M. 72 n. 246. Preis 10 Mark.

1548.

8. PAEDOLO = | GIA PETRI MO - | SELLANI PROTEGEN . | in puerorum usum con = | scripta . Dialogi | XXXVII . | Quibus accesserunt haud incommodè | COLLOQVIORVM PVERILIVM | formulae, ex optimis quibusque autoribus co = | actae, iam recognitae, et nonnullis locis | auctae, per CORNELIVM | CROCVM Aemste = | rodami Ludima = | gistrum . | ITEM | HADRIANI BARLANDI | uiri doctissimi dialogi aliquot | utilissimi . | Rückseite des Titels leer.

Blatt 2 Vorseite (mit Signatur A_2): Lindenblättchen PETRVS | MOSELLANVS, | Johanni Polyandro Lipsiae | apud diuum Thomam, | Ludimagistro suo . | S . D . P . | mit dem Datum: Lipsiae ipsis feriis diui Matthaei | Apostoli, ANNO | M . D . XVII . | Lindenblättchen. |

Blatt 4 (mit Signatur A_4): Lindenblättchen DIALO = | GVS PRIMVS . |

---

[1]) Nach dem Wormser Exemplar.
[2]) Nach dem Wormser Exemplar.

Am Ende Vorseite des letzten Blatts: IN VETERI VANGIONVM | VORMATIA EXCVDE- | BAT GREGORIVS | COMIANDER, | ANNO | M . D . XLVIII . | Rückseite Gregor Hofmanns Druckermarke.

Blatt 32 Rückseite der Specialtitel: Lindenblättchen COLLO= QVIORVM PVERI- | LIVM FORMVLAE LEPIDIS- | simae, ex probatissimis duntaxat autoribus conquisitae, per | Cornelium Crocum, | A Emsterodami lu | dimagistrum . | Dialogi XXV . festiuissimi . | FRANC. | SYL . | Literarum semel preceptarum dulcedo, | uoluptatem exuperat omnem . |

Octavo, Theil I 32 n. gez. Blätter, im Ganzen 88 n. gez. Blätter mit den Signaturen A$_2$ — L$_5$, Antiquacursiv.[1])

Worms St. Paulusmuseum.

b) Druckwerke ohne Angabe des Jahrs.

(1550.)

1. Ein liebliche vnd war= | hafftige Histori, von zweyen Liebha= | benden Menschen, Euriolo vnd Lucretia, Darinnen alle | eigenschafft der Liebe, süsse vnd bitterkeit, wollust vnd | schmertzen, höflich angezeiget vnd begriffen ist, So erst- | mals durch den hochgelerten Poeten Eneam Syluium, | damals Keiserlichen Secretarium, in zierlichem Latein | beschriben, vnd durch den hochgelerten Nicolaum | von Weil, Stattschreiber zu Esslingen, ver- | teutschet worden. Jetzt auffs newe meni- | glich zu nützlichem beyspil vbersehen, | vnd mit schönen Figuren durch | auss gezieret, widerumb | ausgangen . | Holzschnitt, einen ritterlichen Aufzug darstellend . |

Auf der Rückseite des letzten Blatts: In der alten des | heiligen Reichs Frey= | statt Wormbs, | truckts | Gregorius Hofman . |

Quarto, 47 n. gez. Blätter mit Signaturen und Custoden, 34 Zeilen auf der Seite, mit 24 Holzschnitten.[2])

Berlin kön. Bibliothek, Hannover.

Weller, Annalen II, S. 312. — Goedeke, Grundriss I, 139. — Eine Ausgabe ohne Jahr erschien um 1550 Strassburg am Körnmarkt in Quarto. Goedeke I, 362.

2. Zwey schöner geistlicher | lieder. ¶ Das erst: Hilff Gott das mir | gelinge. ¶ Das ander: Weltlich | ehr vnnd zeitlich gůt. Inn | dem Ton, Cedit hymes[3]) | eminus . | Mit schönem viereckigem Holzschnitt: Christus am Kreuze mit Maria und Johannes auf dem Titelblatte.

---

[1]) Nach dem Wormser Exemplare. Petrus Mosellanus Protegensis stammte aus Bruttig a. d. Mosel und lehrte zu Leipzig. vgl. Jrenicus, Germaniae exegescos S. 45. — Raumer, Geschichte der Paedagogik I, 151 Anmerkung. — Becker, Beiträge S. 83 Anmerkung. Die Ausgaben des Donatus und der Chrestomatie des Mosellanus waren jedenfalls für das Wormser Gymnasium in erster Linie bestimmt und geben einen Einblick in die Methode des Unterrichts zu Worms

[2]) Mittheilung aus Berlin.

[3]) So der Druck.

Am Ende: Zu Wormbs truckts | Gregorius Hofman . | O. J.
Octavo, 4 Blätter, letzte Seite leer.
München Hofbibliothek (P. O. germ. 155. 8º).
Wackernagel, Bibliographie des evangelischen Kirchenliedes S. 238.

(1551—1552.)

3. Ein kurtzweilige | Lobrede von wegen des | Meyen, mit vergleichung des Frülings vnd | Herbsts . | Beschriben durch Casparum | Scheidt von Wormbs . | Holzschnitt (darstellend eine Hofscene) von grösster Feinheit . |

Auf der Titelrückseite Vorwort Scheidts an Pfalzgrafen Friedrich bei Rhein mit dem Datum: Datum Wormbs den fünffundzwentzigsten tag Nouembris, im Tausent fünff hundert ein vnd fünfftzigsten jare. — — Caspar Scheidt von Wormbs . |

Rückseite des vorletzten Blatts: Getruckt zu Wormbs, durch | Gregorium Hofman . | Vorseite des letzten Blatts leer, auf der Rückseite Hofmanns grosse Druckermarke.

Quarto, 40 n. gez. Blätter mit den Signaturen A_{II} — K_{III}.[1]

Worms St. Paulusmuseum, Hannover, Wolfenbüttel, Berlin kön. Bibl., Darmstadt Hofbibl., Mayhingen, München Hofbibl., Nürnberg germ. Museum, Strassburg Univ.-Bibl., Tübingen Univ.-Bibl., Wien Hofbibl., Zittau, Breslau.

Goedeke, Grundriss I. Aufl. I, 366—367. II. Aufl. 1, 456. — Serapeum I, 279—280 Note (ohne Jahresangabe). — Grössere Stücke der Schrift abgedruckt in Hub, die komische und humoristische Litteratur der deutschen Prosaisten des 16. Jahrhunderts. II, 299 f.

4. Die Frölich Heimfart . | Ein newe Poëti= | sche Histori, von Fraw Adelhei | ten, jrem tugentsamen leben, vñ seligen abschied . | Zu löblicher nachgedechtnuss, der Edelen vnd | Tugentreichen Frawen Anna von Erntrawt, | weiland des Edlen vnd Ernuesten Hans Jaco- | ben von Wachenheims ehlichem gemahel . Allen | Adelichen gemütern, besonder Frawen vnd | Junckfrawen nützlich vnd kürtzwei- | lig, auch allen beköummerten | tröstlich vnnd er- | getzlich . | Holzschnitt darstellend einen zweispännigen nach Rechts hin fahrenden Leichenwagen, auf dem rechten Pferde ein Merkur als Lenker sitzend, hinter dem bedeckten Sarge ein Mann sitzend, darüber in den Wolken ein Viergespann mit zweirädrigem Wagen, nach rechts fahrend, in dem Wagen zwischen zwei Engeln eine betende weibliche Figur. |

Am Ende: Blatt P 4 Vorseite: Getruckt zu Wormbs, durch | Grogorium (!) Hoffman . |

Auf der Rückseite des letzten Blattes (P 4) Druckermarke Hofmanns.

---

[1] Nach dem Wormser Exemplare

Klein-Quarto, 60 n. gez. Blätter mit Signaturen, 34 Zeilen auf der Seite und 14 Holzschnitten. Dem Schlusse der Schrift nach nicht vor 1552 verfasst und gedruckt.[1])

Berlin kön. Bibl. (defect, fehlt Blatt K₃). Wolfenbüttel (171, 32. Qu. 4°), Nürnberg germ. Museum, Göttingen Univ.-Bibl.

Goedeke, Grundriss I, 367. II. Aufl. II, 456. — Allgem. deutsche Biographie XXX, S. 726 (Ph. Strauch).

5. DE GENERIBVS EBRIOSORVM ET EBRIETATE | VITANDA . | Am Ende: Vormatiae excudebat Grego - | rius Comiander . |

Folio, zwei Blätter, mitten Holzschnitt.

Tübingen Univ.-Bibl.

Seuffert, Vierteljahrschrift für Litteraturgeschichte I, S. 68—71 (Abdruck nach dem Tübinger Exemplar). — Allgemeine deutsche Biographie XXX, S. 722 (Ph. Strauch).

Verfasser ist Caspar Scheidt von Worms, die Drucklegung geschah vor oder in 1552.

6. Die volle Brüderschafft . |

Am Ende: Gedruckt zu Wormbs. durch | Gregorium Hofman . |

Folio. Die von Caspar Scheidt vor dem Grobianus verfasste Schrift dürfte vor oder in 1552 gedruckt sein. Ein Holzschnitt desselben findet sich in der ersten Grobianusausgabe Worms 1551—1552 mehrmals verwendet. vgl. Koennecke, Bilderatlas S. 101, 316.

Seuffert, Vierteljahrschrift für Litteraturgeschichte I, S. 71—82 (Abdruck dieser Schrift nach dem Tübinger Exemplar). — Scheible, das Schaltjahr IV, 100 (theilweise nach einem jetzt nicht bekannten Exemplar abgedruckt). — vgl. Weller, Annalen II, 463 n. 909. — Allgemeine deutsche Biographie XXX, 722 (Ph. Strauch).

7. Grobianus. | Von groben sitten, vnd vnhöflichen | geberden, Erstmals in Latein beschriben, durch | den wolgelerten M. Fridericum Dedekindum, vnd | jetzund verteutschet durch Casparum | Scheidt von Wormbs . | Hic nullus uerbis pudor, aut reuerentia mensae . | Porcorum nimit gens pecuina modo . | Holzschnitt darstellend Menschen mit Sauköpfen am Tische mit Trinken und Raufen beschäftigt, rechts unten eine unfläthige Darstellung: Erbrechen etc. | Liss wol diss büchlin offt vnd vil, Vnd thü allzeit das widerspil . | Auf der Rückseite des Titels: Das Büch zum Leser. |

    ES ist ein alt herbrachter sitt,
        Was man gebeut das helt man nit.
    Dessgleichen was man hoch verbeut, ꝛc.

---

[1]) Mittheilung aus Berlin und Wolfenbüttel.

Blatt 2 Vorseite (mit Signatur Kleeblatt ₁₁): Dem Achtbarn vnd | wolgelerten Herren Friderico | Dedekindo, artium Magistro &c . | meinen vnbekanten wil = | ligen dienst . | MJr Zweifelt nicht, wolgelerter FRIDERICE, es | xc . — — Geben zu Wormbs, den 3. Septemb. | Jm 1551 . jar . | Ewer gütwilliger vnbekanter | Casparus Scheit von Wormbs.

Letztes Blatt Vorseite unten: Getruckt zu Wormbs, | durch Gregorium | Hoffman . | Auf der Rückseite dieses Blatts Hofmanns grosse Druckermarke.

Quarto, 4 n. gez. Blätter Titel und Vorreden sowie die Signaturen A—T₁₁₁, 80 Blätter, grosse Schwabacher Type. Erste Ausgabe dieser Schrift Caspar Scheidts, welcher am Ende der Vorrede von einer vorhabenden Uebersetzung eines anderen Stückes aus dem Französischen spricht.[1])

Wolfenbüttel, Worms St. Paulusmuseum, Berlin kön. Bibl., Breslau Stadtbibl., Breslau Univ.-Bibl., Gotha herzogl. Bibl., Lübeck, London british Museum, Nürnberg german. Museum, Strassburg Univ.-Bibl., Stuttgart öffentl. Bibl., Wien Hofbibliothek.

Goedeke, Grundriss I, 366. — II. Auflage II, 455. — Koennecke, Bilderatlas (Facsimile des Titels) S. 101 u. 288. — Neudruck von Milchsack, Friedrich Dedekinds Grobianus. Halle 1882. 8⁰. S. XXI bis XXII (mit Beschreibung dieser Ausgabe).[2])

c) Druckwerke ohne feststellbare Erscheinungszeit.

1. TABV | LA | ABE = | CEDARIO - | RVM . | Mit Holzschnitteinfassung, oben quer treibt Christus die Wechsler aus dem Tempel, darunter links und rechts die Sinnbilder der Evangelisten, unten quer Heilung des Gichtbrüchigen. Auf der Rückseite des Titels gedruckte Wiedergabe der lateinischen Buchstaben und Laute.

---

1) Nach dem Wormser Exemplare.
2) Goedeke, Grundriss I, 366. II. Auflage II, 456 erwähnt einen Druck Grobianus von groben sitten xc. Worms Gregor Hofmann 1552. Quarto als zu Nürnberg im germanischen Museum (Signatur 1077) vorhanden. Ein solcher Druck existirt nicht und ist das Nürnberger Exemplar die zweite Wormser Ausgabe O. J. (1551). vgl. Milchsack S. X der Einleitung seines Neudrucks.
Antiquar L. Rosenthal in München bot in Catalog XLV n. 1143 aus: Grobianus, Von unhöfl. Sitten u. Beurischen geberden. O. Jahr. Worms, gedr. durch Greg. Hofmann. 1554. 76 ff. 4. Wahrscheinlich die Original-Ausgabe doch ohne die 4 ersten Blätter. Wieder eine nicht existirende Ausgabe. Die Angabe: O. Jahr und 1554 widerspricht sich vor Allem, sodann sind 76 + 4 fehlende erste Blätter = 80 Blätter, wie die Ausgabe O. J. Worms besitzt, mit der Rosenthals Exemplar jedenfalls identisch ist.
Dagegen könnte die Ausgabe 1657. O.O. 12⁰ bei Milchsack S. XXVI, da sie viel Aehnlichkeit mit der Wormser ersten Ausgaben hat, eine durch Druckfehler der Zahl 1557 zu 1657 verschobene Wormser Ausgabe sein.
Exemplar zu Wien Hofbibliothek (dem II₇ fehlt).

Blatt 2: Precatio dominica, symbolum apostolorum, consecratio mensae, alia Joann. Chrysostomi, Gratiarum actio post mensam, alia Joan. Chrysostomi, alia Erasmi Roterodami und weitere ähnliche Gebete.

Auf der Rückseite des letzten Blatts Gregor Hofmanns Druckermarke.

Kleinoctavo, 8 n. gez. Blätter + Signaturen II — V, Antiquatype.[1])
Worms St. Paulusmuseum.

2. GRAM | MATICES | LATINAE ELE- | menta, à Philippo | Melanchthone autore | iampridem emen- | data & aucta. | Kleeblättchen | Syntaxis eiusdem adnexa. | ITEM | De Periodis, & Prosodia. | Mit der Titeleinfassung des Wormser Vergils von 1543, die Jahreszahl 1543 ist jedoch entfernt, unten Gregor Hofmanns Druckermarke. (Fackeln).

Auf der Titelrückseite: CHILIANVS GOLTSTEIN | LECTORI S. |

Kleinoctavo, mit den Signaturen A_2—O_5 112 n. gez. Seiten, Antiqua und Antiquacursiv.[2])

Worms St. Paulusmuseum.

3. Grobianus, | Von groben sitten, vnd vnhöflichen | geberden, Erstmals in Latein beschriben, durch | den wolgelerten M. Fridericum Dedekindum, vnd | jetzund verteutschet durch Casparum | Scheidt von Wormbs. | Hic nullus uerbis pudor, aut reuerentia mensae. | Porcorum niuit gens pecuina modo. | Holzschnitt | Liss wol diss büchlin offt vnd vil, Vnd thü allzeit das widerspil. |

Blatt 1 Rückseite: Das Büch zum Leser. | ES ist ein alt herbrachter sitt, | ꝛc.

Am Ende: Getruckt zu Wormbs, | durch Gregorium | Hoffman. |

Quarto, 80 Blätter mit den Signaturen A—T_{III}.

Zweite Wormser Ausgabe dieser Schrift. Der Titelholzschnitt ist Spiegelbild des der ersten Ausgabe und in der Ausführung viel derber, auch in Einzelheiten abweichend. Die Druckermarke und der Holzschnitt am Anfange des II. Buchs fehlen.

Wolfenbüttel (Bogen L fehlt), Berlin kön. Bibl., ein anderes war im Besitze des † Professors Birlinger zu Bonn.

Milchsack a. a. O. S. XXII — XXIII.

Eine weitere Auflage erschien Frankfurt a. Main (Gülfferich) 1553. 8°. Serapeum I, 280 Note. II, 171 Note.

4. DE GENERIBVS | EBRIOSORVM, ET EBRIETA- | TE VITANDA, IOCVS QVODLIBETI | ERPHVRDIEN. LEPIDISSIMVS. | Cui accessere | De Ebriorum affectionibus & moribus problemata. |

---

[1]) Nach dem Wormser Exemplar.
[2]) Desgleichen.

ITEM | De meretricum in suos amatores, et concubinarum in sacerdotes fide: Quod ⸗ | libeti Heydelbergensis, quaestiones salibus et facetijs plenae, tum quam ⸗ | pulcherrimis optimorum scriptorum flosculis refertae: nouis quibusdam Rhytmorum Carminumq́z additionibus | festinissimis, laxandi animi, iociq́z suscitan⸗ | di causa, nuper illustratae. | Holzschnitt, Thiere am gedeckten Tische mit Fressen und Saufen beschäftigt | Unten acht Verse in zwei Reihen: Conuinas nitulos, hircos, asinosq́z, suesq́z |

Auf der Rückseite des Titels Epigramme von Eobanus Hessus und Andern.

Vorseite des letzten Blatts: IN VETERI | VANGIONVM | VORMATIA | EXCVDEBAT GREGORIVS | COMIANDER . | Auf der Rückseite dieses Blattes Hofmanns grosse Druckermarke.

Quarto, 60 n. gez. Blätter mit den Signaturen A_{II} — P_{III}, mit Holzschnitten, Antiqua und Schwabacher Type gemischt.[1])

Worms St. Paulusmuseum, Wernigerode fürstlich Stolbergische Bibl. (P d 161), München Hofbibl., Berlin kön. Bibl. (X g 6975. Quarto). Wolfenbüttel, Stuttgart.

Scheible, das Schaltjahr IV, 106. — Seuffert, Vierteljahrschrift für Litteraturgeschichte I. S. 65 (Phil. Strauch). — Zarncke, die deutschen Universitäten des Mittelalters, S. 117. — Trübner Antiquariat Strassburg Catalog 47 (1887) n. 614. — Graesse, trésor II, 343. — Brunet, manuel II c. 1531. — Goedeke, Grundriss I, 437. Ob diese Ausgabe mit der von Brunet, manuel II col. 1551 und Graesse, trésor II, S. 343 erwähnten einerlei, steht dahin Catalog Antiquariat Rosenthal München LXVIII, n. 862. Preis 50 Mark (die dort gemachte Bemerkung, dass der Druck zu etwa 1520 gehöre, ist Unsinn). — Die Schrift de fide concubinarum bei Weller n. 4065 ff. ist ein Bestandtheil dieser Schrift, wozu noch andere Bestandtheile gelangen, welche Zusammenstellung dem Erfurter Humanistenkreise angehören dürfte. vgl. auch Hasler, Ulms Buchdruckergeschichte Spalte 76. Weitere Auflagen erschienen 1557. O. O. Frankfurt 1599 und 1624. vgl. Weller, repert. n 4075. Die Verfasser der Bestandtheile dieser Schrift nämlich: de fide meretricum in suos amatores sind Jacobus Hartlieb aus Landau und J. Hilt, die Schrift de fide concubinarum in sacerdotes verfasste Paulus Olearius aus Heidelberg. Beides sind wohl die wahren Verfasser und ist die Annahme, dass Jacob Wimpfeling beide Satyren verfasste, jedenfalls falsch. — vgl. Schmidt, histoire litter. d'Alsace I, 139.

5. Concordantz vnd zeyger der namhafftigsten Sprüch aller Biblischen bücher alts vnd news Testaments, auffs kürtzest verfasset vnd zusammen gebracht. Sampt einem Register. Wormbs Gregor Hofmann. O. J.

Sedez, 346 Seiten + 2 Blätter Register.

---

[1]) Nach dem Wormser Exemplare.

Angebunden (ob auch Wormser Druck): Von der Gnugthuung Christi. (Predigt) 16 n. gez. Blätter.

Catalog Rosenthal-München 65 n. 265. Preis 27 Mark.

Nachdruck der Wormser Ausgabe 1529, eine Concordanz zur Wormser Bibel verfasst von Leonhard Brunner „Praedicant" zu Worms.

6. Herr Tristrant . | Ein Wunderbarliche | vnd fast lustige Histori von Herr Tri = | strant, vnd der schönen Isalden, des Königs von Irland | Tochter, mit was freuden, auch not vnd gefahr, sie jr lieb | volbracht, vnd wie traurigklich sie die selben geendet ha- | ben, so wol einer schönen Tragedi ist zu vergleichen, | Auss Frantzösischer Sprach verteutschet, | vnd mit schönen Figuren gezieret, | frembd vnd kurtzweilig | zu lesen vnd zu | hören . | Holzschnitt | .

Am Ende Blatt Z4 Vorseite: Getruckt zu Wormbs, durch | Gregorium Hofman . |

Quarto, mit den Signaturen A_{II}—Z_{III}.[1])

Wolfenbüttel (218. 20. Qu. 4⁰).

Goedeke, Grundriss I, 116 (dessen Angaben jedoch abweichen). Es ist möglicherweise auch diese Schrift ein Erzeugnis Caspar Scheidts und die am Ende des Grobianus angedeutete Uebersetzung aus dem Französischen. Ezste Ausgabe der Schrift 1498 Augsburg, Neudruck in Bibliothek des literarischen Vereins zu Stuttgart 152 (1881) von F. Pfaff.

7. CAR= | MINA EX | GRAMMATICA | Ioan. Spangenbergij, seor= | sim impressa, ut pueri et | ediscere facilius, et | ad manus semper | habere pos= | sint . | Mit gleicher Titeleinfassung wie in der Tabula Abecedaria, daher ein Erzeugniss Gregor Hofmanns. O. O. u. J. u. F.

Rückseite des Titels leer.

Kleinoctavo, 12 n. gez. Blätter, Antiquacursivtype.[2])

Worms St. Paulusmuseum.

Catalog Antiquariat Isaac St. Goar Frankfurt a. M. 72 n. 247. Preis 10 Mark.

8. RHYTMVS CODRI VRCEI DIE | DIVI MARTINI PRONVNCIATVS . |

Doppelfolioblatt.

Tübingen Univ.-Bibl. (D k II, 34 folio).

Mit einem Holzschnitt, welcher theilweise in der Wormser Grobianausgabe vorkommt, daher bestimmt ein Erzeugniss der Presse G. Hofmanns.

Goedeke, Grundriss II. 119. — Zarncke, die deutschen Universitäten des Mittelalters I, 257. — C. Malagola, della vita e delle opere

---

1) Mittheilung aus Wolfenbüttel.
2) Nach dem Wormser Exemplare.

di Antonio Urceo detto Codro. Bologna. 1878. S. 410. — Seuffert, Vierteljahrschrift für Literaturgeschichte I, 65 (Ph. Strauch).

9. Dasselbe. Andere Auflage. Doppelblatt mit Holzschnitt.
Berlin kön. Bibl.
Seuffert, Vierteljahrschrift I, 65 (Ph. Strauch).

10. Hochzeitsgedicht für die Vermählung des Jacob von Wachenheim mit Anna von Irmtraut. Ohne feststellbares Jahr, wahrscheinlich einer der ersten Drucke Hofmanns.
Quelle: Unbekannt.
Wackernagel, Johann Fischart S. 107 Note 232. — Eine Arbeit Caspar Scheidts.

VII. Paul und Philipp Köpphl 1557—1563.

1. Biographie.

Ein in seinem Wirken bedeutender Buchdrucker und Verleger Wolff (Wolfgang) Köpphl latinisirt Cephaleus war zu Strassburg i. Elsass von 1522—1545 thätig.[1]) Seine deutschen Druckwerke verzeichnet theilweise Wellers Repertorium.[2]) Sein letzter mir bekannter Strassburger Druck ist das Psalterium graece Strassburg 1545.[3]) Ob er hierauf Strassburg verlassen und sich in Worms niedergelassen, steht dahin. Er hatte zwei Söhne den Paul und Philipp Köpphl, die seit 1557 zusammen in Worms druckten. Ein Theil des Verlags des Wolf Köpphl findet sich bei ihnen zu Worms in neuen Auflagen, wie auch die für die griechische von Lonicer besorgte biblia graeca divinae scripturae veteris novaeque omnia. Argentorati W. Cephaleus 1524—1526 Octavo, 5 Bände als zweiter griechischen Bibelausgabe und erste, welche das Buch der Makkabaeer enthielt, sowie das genannte Psalterium graece 1545 verwendete griechische Type die gleiche zu sein scheint, mit der Philipp Köpphl 1563 die Wormser Homerausgaben druckte und so das Erscheinen einer griechischen Type in einer kleinen Officin wie der Wormser erklärt. Beide Gebrüder Köpphl waren jedenfalls geborene Strassburger, sie druckten zusammen 1555 zu Strassburg,[4]) wendeten sich dann aber nach Worms und lieferten dort 1557 ihren ersten Druck mit Firmaangabe. Später erscheint Philipp allein dort thätig von 1561—1563. Ob Paul gestorben oder sich nach 1557 anders wohin gewendet, steht nicht fest. Der alte Wolf war 1563 todt und wird Philipp allein dessen Erbe genannt. Paul muss demnach entweder vor dieser Zeit gestorben oder wegen Ansprüchen an das Geschäft abgefunden gewesen sein. Philipp druckte für Sigmund Feyerabend und Weigand Han Verleger zu Frankfurt a. Main etliche

---

1) Er druckte auch unter dem fingirten Druckorte Steinbureck. 1523 erschien: Das siebedt | Capitel S. Paull zu | den Corinthern | Auszgelegt | durch Martinum Luther . | Wittemberg . | M . D . xxiij . | Steinburek. W. Köpffel. 1523. Quarto. 36 Blätter, deren letztes leer. Mit Titeleinfassung. Panzer, Annalen II, 1735.

2) Alphabetisches Register der Drucker.

3) Exemplar Worms St. Paulusmuseum. Kleinduodez, 208 Seiten mit Titeleinfassung. Lutherbibliothek des Paulus-Museum zu Worms S. 1, n. 2.

4) Wackernagel, Bibliographie des deutschen Kirchenliedes S. 271, n. DCCIII.

Drucke, nach 1563 verschwindet er ebenfalls. Beide Köpphl waren wie ihr Vater Protestanten, wie ihr Verlag beweist. Die Zahl ihrer Drucke ist nicht bedeutend.

2. Druckwerke.
a) Druckwerke mit Angabe des Jahrs, Orts und der Firma.

1561.

1. Alle | Psalmen, Hym | ni, vnd Geystliche Lie - | der, die man zu Strassburg | vnd andern Kirchen, pfle - | get zusingen . |

Form vnd gebet | zum Ehe einsegnen, Heili - | gen Tauff, Abendtmal des Her - | ren, Besuchung der Krancken, | vnd Begräbnuss der Ab - | gestorbenen . |

Mit einem vollkommnen Register . | Getruckt zu Wormbs, durch Philips | Köpffel, Im Jar | M . D . LXI . | Roth - und Schwarzdruck, Rückseite des Titels leer.

Mit den Spezialtiteln: Form vnd Ge - | bet, Zu dem Ehe einseg - | nen, Heyligen Tauffe, Abendtmal des | Herren, Krancken besuchen, vnnd Be - | gräbnuss der Abgestorbenen, wie es | zu Strassburg vnnd anderss - | wa gehalten wirt . | Mit vorgetzter[1]) Epi - | stel Pauli an Titum . |

Am Ende: Folgen die Psalmen, vnd Geist - | liche Lieder . |

Folget die Deüdsche Ly - | tania, mit etlichen angehenck - | ten Gebettlin . | Auch wie die Eltern jhre | Kindlin, zu disen gefählichen[2]) zeiten vmb, | erhaltung des Worts Gottes, wi - | der die Feynde des heyligen | Euangelij, sollen bet - | ten lehrnen . | Durch | Vitum Dieterich . |

Am Ende: Ein Gebett, Oder die er - | manung vor dem Abendmal . |

Mit Wolffgangs Köpfel Vorrede: Nach dem in vnser Gemeyn bissher etliche Jar, ein erhaltener brauch ist 2c drei Seiten umfassend, dann 10 Seiten Register, über dem Anfang eines Psalmliedes jedesmal der Anfang des lateinischen Psalms.

Abtheilung II (mit den Signaturen A—E) enthält verschiedene Lieder, Festlieder 2c ohne Eintheilung, zusammen CLXXXIIII Seiten, auf der nun folgenden Seite: Folgen nun die Psalmen, | der Ordnung nach (so vil hat sein | mögen) gesetzet . | bis Seite CCCX. Sodann das Vater unser und Luthers Lied (das Vater unser), welche Abtheilung mit Seite CCCXVI abschliesst.

Dritte Abtheilung 22 Bogen mit Signatur A—Y.

---

1) So der Druck.
2) Desgleichen.

2. Druckwerke.

Die Lieder haben Musiknoten mit eingedrucktem Texte, die Verfasser des Liedes sind einzeln bezeichnet. Mehrere Lieder entstammen dem Gesangbuch der böhmischen Brüder. Die Verszeilen sind einzelne Lieder im letzten Theile des Buchs ausgenommen nicht abgesetzt.

Octavo, Abtheilung I 1 Bogen, Titelrückseite und letzte Seite leer, 1 Bogen mit Signatur *ii. Abtheilung II 5 Bogen A—F ohne Seitenzahlen, letztes Blatt leer, Abtheilung III 22 Bogen A—Y mit den Seitenzahlen I—CCCXLVII, auf der Rückseite von Y_{VI} sollte stehen CCCXLVIII, auf der Rückseite von Y steht jedoch falsch VI statt VIII. Das Ganze hat 28 Bogen.

Darmstadt Hofbibliothek (W 3347).

Wackernagel, Bibliographie des deutschen Kirchenlieds n. DCCC-XXXIV (dessen Beschreibung oben wiederholt), Goedeke, Grundriss I, S. 161. Nachdruck der ersten Ausgabe Strassburg 1537 (Wackernagel Bibliographie S. 145).

2. Der Jagtteüfel. | Bestendiger vnnd Wolge= | gründter bericht, wie fern die Jagten | rechtmessig, vnd zugelassen. Vnnd widerumb, | warinn sie jetziger zeit des mehrertheils Gott= | loss, gewaltsam, vnrecht, vnd verdamlich | seind, Vnnd der halben billich vn= | derlassen, oder doch geende= | ret werden solten. | Durch M. Cyria. Spangenberg. | Holzschnitt darstellend Jagende mit Hunden auf der Hirschjagd. | Anno M . D . LXI . | Zeile 2, 3 10 und 11 Rothdruck. Auf der Rückseite des Titels Autorenverzeichniss.[1])

Am Ende Rückseite des letzten Blatts: Getruckt zu Wormbs, | bey Philips Köpffel, in ver= | legung Weygand Han, | Anno M . D . LXI. |

---

1) Diese Schrift bildet einen Theil der Reihenfolge ähnlicher Schriften, welche um diese Zeit erschienen und culturhistorisch von hohem Werthe sind. Es erschienen: Alb. v. Blanckenberg, Vom Juncker Geytz vnd Wucherteüfel: So jetzt inn der Welt in allen Stenden gewaltiglich regieret. Frankfurt durch Georg Raben vnd Weygand Hanen Erben. 1563.

Joachim Westphal, Wider den Hoffartsteuffel Der jetzigen Zeit einfeltig Schulrecht. Von Fraw Hoffart vnd jren Tochten. Verfasser ist Cyriacus Spangenberg. Franckfurt bei Peter Schmidt in verlegung Sigm. Feierabends vnd Simon Hüters. 1565.

Chryseus Joannes, Hoffteüffel. Franckfurt Weygand Han vnnd G. Rab. 1562.

Friderich Matth. Wider den Saufftenffel. Franckfurt Weygand Han und Georg Rab. 1562.

Jodocus Hocker, Wider den Bannteuffel. Franckfurt bei Joh. Lechler In verlegung Sigm. Feirabend vnd Simon Hüter 1564.

Andreas Hoppenrod, Wider den Huren Teuffel. Franckfurt bey M. Lechler in verlegung Sigm. Feyerabends vnd Simon Hüters 1565.

Andreas Musculus, Wider den Fluchteufel. Franckfurt Weygand Han vnd Jörg Rab. 1562.

Eustachius Schildo, Spielteuffel. Franckfurt Weygand Han vnd Georg Rab. 1562. etc.

Kleinoctavo, 4 n. gez. Blätter mit den Signaturen ¶$_{II}$—¶$_{III}$ + CXXI. gez. Blätter mit den Signaturen A—Q$_{III}$, deutsch-Schwabacher Type.[1])
Worms St. Paulusmuseum.

3. DEr Stadt Worms Refor= | mation, Auch enderung | vnnd mehrung, etlicher darinnen verleybter | Gesetze, sampt der Keyserlichen | Confirmation diser Reformation . | Holzschnitt darstellend das Wormser Stiftswappen (Schlüssel) gehalten von zwei Drachen, prächtige Darstellung, unten rechts das Monogramm BV mit einem Fisch (?) . | Cum Gratia & Priuilegio Caes: Mayestatis . | Gedruckt zu Wormbs, durch Philips Köpffeln, | vnd Weygand Han . | Anno M . D . LXI . | Zeile 1, 2, 6 und 9 Rothdruck | . Rückseite des Titels leer.
Blatt 2 mit Signatur *$_{II}$ Vorseite: Vorrede diser Refor= | mation . O. D. |
Folio, Titel + 2 Blätter Vorrede ohne Blattzahl + 1 leeren n. gez. Blatt + 1 eingeklebten Doppelblatt Stammtafel + Blatt I—Clxv mit Battzahl + 10 n. gez. Blätter Register + 1 leeren Blatt. Signatur A—F, Gg$_{IIII}$. Grosse Schwabacher Type, deren Schnitt von dem der frühern Ausgaben abweicht[2])
Worms St. Paulusmuseum (dem das letzte leere Blatt fehlt), Mainz Stadtbibl. (* 66, 177, dem die Stammtafel fehlt), Jena.

1562.

4. Officia M. T. C. EIn Büch, So Marcus Tullius Cicero der Römer, zů seynem Sune Marco . Von den tugentsamen ämptern vnd zugehörungen, eynes wol vnd rechtlebenden Menschen, in Latein geschriben, Welchs auff begere, Herren Johansen von Schwartzenberg ıc. verteütscht.
Blatt *ii: Das Leben vn̄ Tod, | ıc.
Am Ende Blatt 232 Vorseite: Getruckt zů | Wormbs ahm Rhein, | bey Philips Köpffel, | M D . LXII . | * |
Octavo, 8 + 232 Blätter.[3]) Uebersetzer ist J. Neuber. Erste Ausgabe davon erschien 1531 zu Augsburg bei Steyner folio. vgl. Ebert, allg. bibl. Lexicon n. 4690. — Brunet, manuel II, S. 63. — Muther, Bücherillustration S. 138. Mit Holzschnitten von Hans Burgkmaier etc.
Jena Univ.-Bibl. (H. l. V. o. 71 ohne Titelblatt).
Goedeke, Grundriss I, 215. II. Aufl. II, 234.

1563.

5. ΟΜΗΡΟΥ | ΙΛΙΑΣ | ΕΚ ΤΗΣ ΠΕΜΠΤΗΣ ΚΑΙ | ἐπιμελεστέρας ἀναγνώσεως . | CVM INDICE ADIECTO . | Vuormatiae apud

---

1) Nach dem Wormser Exemplar.
2) Nach dem Mainzer Exemplar.
3) Mittheilung aus Jena.

Vuolffgangi Ce= | phalaei haeredem Philippum, & Sigismun= | dum Feierabent . | Druckermarke | Anno 1563 . | Auf der Rückseite zwei griechische Epigramme.

Blatt 2 Vorseite: IOANNES GVINTERIVS | Andernacus, Lectori | S. P. D. O. Datum. Hierauf Register.

Kleinoctavo, 10 n. gez. Blätter Titel, Vorwort und Index + Blatt 3—277 + 2 n. gez. Blätter.[1])

Worms St. Paulusmuseum.

6. *OMHPOY* | *OΔYΣΣEIA BATPA-* | χοιρομαχία ἔμροι | λβ . | *EK THΣ ΠEMΠTHΣ KAI* | ἐπιμελεστέρας ἀναγνώσεως . | CUM INDICE ADIECTO . | Vuormatiae apud Vuolffgangi Ce= | phalaei haeredem Philippum , & Sigismun- | dum Feierabent . | Druckmarke Sigmund Feierabends und Philipps Köpphel wie in voriger Nummer | Anno 1563 . | Rückseite des Titels leer.

Blatt 2 Vorseite: *ΦIΛIΠΠΩ TΩ MEΛAΓXΘONI* | ἰωάννης ὁ Λεον. Vorrede Johann Lonicers an Philipp Melanchthon in griechischer und dieselbe Blatt 3 in lateinischer Sprache. Mit dem Datum Argentorati 1525 pridie idus Februarias. Sodann Index.

Kleinoctavo, 10 n. gez. Blätter + Blatt 3—251 + 1 gez. + 4 n. gez. Blättern nebst 1 n. gez. leeren Blatt, mit den Signaturen a—J₅[2])

Worms St. Paulusmuseum, Wernigerode fürstlich Stolbergische Bibliothek (P b 202 misc. 1).

7. *OMHPOY* | *BIOΣ* . | Vuormatiae apud Vuolffgangi Ce= | phalaei heredem Philippum. & Sigismun= | dum Feierabent . | Druckermarke wie in beiden vorigen Nummern | Anno 1563 . | Auf der Rückseite des Titels beginnt der Text.

Kleinoctavo, Signatur aa 2—gg 4. An vorige Nummer angedruckt, wie denn diese drei Homertheile ein Ganzes bildeten, aber auch einzeln verkäuflich gewesen sein mochten.[3])

Worms St. Paulusmuseum, Wernigerode fürstlich Stolbergische Bibliothek (P b 202 misc.).

b) Druck ohne Jahresangabe.

1. Process, wie es soll | gehalten werden mit den | Widertäuffern . | Getruckt zu Wormbs durch | Paulum vnd Philippum Köpflein | Gebrüder . |

Schliesst: — — — geschri= | ben zu Wormbs | Anno, | MDLVII. |

Auf dem letzten Blatt Vorseite: Philippus Melanthon. | Johannes Brentius, | Johannes Pistorius Niddanus, | Jacobus Andreae Doctor, | Georgius Cargius, | Jacobus Rungius, | subscripserunt . |

---

1) Nach dem Wormser Exemplare.
2) Desgleichen.
3) Desgleichen.

VII. Paul und Philipp Köpphl 1557—1563. b. Druckwerke.

Auf der Rückseite dieses Blattes die Druckermarke Köpfels in Holzschnitt: Heiliger Geist in Gestalt einer Taube auf zwei verschlungenen Schlangen sitzend (nach Art der Druckermarke Frobens in Basel). O. J. (1557).

Quarto, 8 n. gez. Blätter mit den Signaturen A_{II}—A_{IIII} und B—B_{III}.[1])

Germanisches Museum in Nürnberg.

Bibliotheca Haeberliniana. Frankfurt a. Main. 1876 8^0. Vierte Abtheilung: Autotypen Luthers und seiner Zeitgenossen S. 343 n. 6198. Preis 7 Mark.

Aus Köpphls Presse scheint auch die Wormser Kirchenagenda 1557 hervorgegangen zu sein. Ein Exemplar derselben ist noch nicht aufgefunden.[2])

---

1) Mittheilung aus Nürnberg.
2) Becker, Beiträge S. 82 über diese Schrift

VIII. Nicolaus Bassaeus.

Nicolaus Bassaeus (Bassée) aus Valenciennes der damaligen Hauptstadt Flanderns, war am 11. August 1561 Bürger zu Frankfurt a. Main geworden, nachdem er am 23. Juli dieses Jahres Anna, die Tochter des Schreiners Nicolaus Ross von Frankfurt a. Main geheirathet hatte. Er liess sich als Buchdrucker in Frankfurt nieder und druckte im Jahre 1562 für Sigmund Feyerabend, Verleger zu Frankfurt, ein Räthselbüchlein.[1]) Aus seiner Druckerei gingen ferner im Jahre 1562 hervor: Spangenberg Cyriacus, Wider die Bösen Siben in Teuffels Karnöffelspiel. Mit Titelholzschnitt und: Wider den vermeinten Freyen Willen des Menschen. Octavo. Die Beziehungen Bassée's zu Feyerabend waren nur von kurzer Dauer, da Ersterer Frankfurt nach 1562 verliess und seine Thätigkeit nach Worms verlegte. Wann das geschah, steht urkundlich nicht fest. Auch in Worms blieb Bassée nicht lange. Von seiner Thätigkeit als Drucker daselbst ist bis jetzt kein Erzeugniss aufzuweisen. Am 20. Juli 1564 reichte Bassée beim Frankfurter Rath ein Gesuch ein, in dem er um Wiederaufnahme als Bürger zu Frankfurt ansuchte. Der Rath willfahrte seiner Bitte nicht sofort, da Bassée im Verdachte stand, in Worms eine Schmähschrift gegen den Rath zu Frankfurt gedruckt zu haben. Vorerst ward beschlossen: „Soll man nach forschenn, ob Er das Judenn Buchlein, dar Inn ain Erbar Rath angetast wurdt, gedruckt hab." Da sich bei näherer Nachforschung der gehegte Verdacht nicht bestätigte und als eine Verwechselung sich herausstellte, ward Bassée am 1. August 1564 wieder als Frankfurter Bürger aufgenommen.[2]) Dort betrieb Bassée bis etwa 1601 den Buchdruck und lieferte viele Drucke für die Verlagsfirma Sigmunds Feyerabend. Noch im Jahre 1601 druckte er zu Frankfurt des Jacob Ayrer Schrift: historischer Processus juris, in welchem sich Lucifer über Jesum, darumb, dass er ihm die Hellen zerstöhrt, eingenommen, die Gefangene darauss erlöset etc. auf das allerhefftigest beklaget. Folio.

---

1) Anzeiger für Kunde deutscher Vorzeit II (1833) S. 310—312. — Pallmann, Sigismund Feyerabend S. 11 (Archiv für Frankfurts Geschichte und Kunst. Neue Folge. VII (1881) S. 11).
2) Pallmann a. a. O. S. 19—20.

Wormser Druckwerke ohne feststellbare Firma.

1. Le stupendissime apparitioni che sono aparse nel 1520, 3 — 7 Genaro in una citta chiamata Viena e mandato al Rom. Pontifice, e alla s. majesta del Imperatore, e a molti Signori, e principi con le significatione sue, interpretate dal venerabile miser. Dan. Rimpach stampate in burmatia. Wormatiae. 1520.

Quarto. 4 Blätter. Mit colorirtem Holzschnitt. Drucker ist wohl Hans von Erfurt.

Catalog Antiquariat Rosenthal-München XLV, n. 2120. Preis 15 Mark.

2. Rhömischer Keyserlicher Majestat Mandat zu erhaltung der alten wahren christlichen wolhergebrachten Religion vnd Glauben ₂c. wider den unruhige Burgermeister vnnd Rhat der Stadt Hildesheim zu Wormbs jetzo jüngst aussgangen. Wormbs. 1543.

Quarto.
Quelle: Unbekannt.

3. P. VER | GILII | MARONIS | BVCOLI- | CA . | VORMA- TIAE, | ANNO | M . D . XLVII . | Mit Titeleinfassung, Darstellungen aus der alten Geschichte, links Dionisius, unten Cleopatra mit Schlangen. Rückseite des Titels leer.

Kleinoctavo, Signatur $A_2 - C_3 =$ 20 n. gez. Blätter, Antiquacursivtype.

Worms St. Paulusmuseum.[1])
Catalog Antiquariat Isaac St. Goar Frankfurt a. Main Nr. 72 S. 11 u. 248. Preis 4 Mark (wohl das Wormser Exemplar).

4. Tyrocinium. De sacro altaris mysterio hujusque sanctissima pertractione et quibus gradibus ad illud ascedendum. Wormatiae. 1555.

Octavo. Verfasser ist Michael Buechinger Colmariensis. Am Ende ein Epigramm und Octostichon des Claudius Petrus Lotharingius. Der Verfasser war vicarius ecclesiae cathedralis Argentinensis und widmete seine Schrift dem Senate zu Cöln.

Quelle: Unbekannt.
Catalog Antiquariat Rosenthal-München XLIX n. 4958. Preis 12 Mark.

1) Nach dem Wormser Exemplare.

5. Ein Gesang vom Vollsauffen. Worms. 1561.
Quelle: Unbekannt.
Weller, Annalen I, 322 (ohne Angabe des Formats und des Aufbewahrungsorts des benützten Exemplars). — Seuffert, Vierteljahrschrift für Literaturgeschichte I, S. 85 Note 3.

6. Ein schön nüw Lied von der sighafften grossen Mannschlacht, so zu Plauilla, by Trös, in Franckreich zwüschen Paris vnd Orlians, im 1562. Jar beschehen. Mit Titelholzschnitt.
Anfang: GOtt Vatter Son vnd heilger Geist,
      Ja der du alle ding wol weist ꝛc.   36 Strofen.
Verfasser ist Löwenstein von Fryburg.
Am Ende: Getruckt zu Worms.
Octavo, 8 Blätter. O. J. (1562). Jedenfalls Erzeugniss Ph. Köpfels.
Luzern Bürgerbibliothek.
Weller, Annalen der poetischen National-Literatur der Deutschen I, 64.

7. Ein kurtzweilige Lobrede von wegen des Meyen ꝛc.
Wormbs. 1568. Zweite Auflage der Schrift.
Goedeke, Grundriss. II. Auflage II, 456 (ohne Angabe des Formats und Fundorts).

8. Liber dictus Septingentae et quinquaginta linguae Germanicae. Wormatiae apud Fridanck.
Nach dem Index librorum prohibitorum des Papstes Sixtus V von 1590. vgl. Reusch, indices librorum prohibitorum S. 499. Wahrscheinlich ist mit der Bemerkung: apud Fridanck der Verleger Sebastianus Wagner gemeint als Herausgeber der Freidankausgaben. Die ganze Stelle ist so verderbt, dass keine Nachforschung nach dem Buche möglich gewesen.
Es wäre aber möglich, dass dieses Buch die von J. Freydang herausgegebene der Layen Biblia Darjnn die Heilige Schrifft kurtz vnd Summarisch beschrieben werden, in schöne liebliche Teutsche Reimen verfasst, wovon eine Ausgabe in Folio bei G. Rab. Feyerabend vnd Weygand Hanen Erben 1569 mit Holzschnitten von Virgil Solis, Jost Amman, Sigmund Feyerabend etc. erschien, wenn nicht diese selbst, welche möglicherweise zu Worms gedruckt ist.

9. Hauss Postil wormbser Complet in 4⁰.
So wörtlich erwähnt in einem Verzeichniss von Büchern des Geschäfts von Gülfferich zu Frankfurt a. Main 1568. Abdruck in Pallmann, Sigmund Feyerabend. (Archiv für Frankfurts Geschichte und Kunst VII (1881) S. 137.)
Es ist dieses wahrscheinlich eine neue Auflage des von Wolff Koepphel 1537—1538 herausgegebenen Druckwerks: Postill Od'ausslegunge der Episteln vnd Euangelien, nach der Zeit vnnd von den

heyligen durchs gantz Jar auss. geprediget. (I Theil) Strassburg Wolff Koepphel 1539. — Das ander teyle der Postillen ꝛc. Strassburg, 1537. erschien vorher. Mit Titeleinfassung und vielen Holzschnitten. Folio. Wahrscheinlich ist der Wormser Druck ein Erzeugniss Philipp Köpfels als Erbe der Verlagsrechte für dieses Buch.

10. Jesus Syrach . (Wormser) . Umfang acht Bogen.

Erwähnt in einem Verzeichniss von Büchern, welche zu Frankfurt in der Messe 1568 verkauft worden.

Pallmann, Sigmund Feyerabend a. a. O. S. 158.

Zweifelhafte Wormser Drucke.

1. Der Statt Wormbs | Warhafftig bericht: der arglistigenn | bosshafftigen geschwinden Emborungen vnd Aufflen | ffe, Auch der vnrechtlichen vehden, so Frantz der | sich nennet von Sickingen, vnd wes sich | darunder begeben hat. | Holzschnitt darstellend einen Schild mit dem Wormser Stiftswappen (dem Schlüssel) gehalten von dem Doppeladler . | Rückseite des Titels leer.

Am Ende: Geben mit vnser Stats ends diser geschrifft auffgedrucktem Secret Insigell, vff Sambstag nach sant Bartholomeus des heiligen Appostel tag in funfftzehenhundersten vnd funfftzehendē Jar . ꝛc .

Quarto, 35 Blätter mit den Signaturen A_{II}, A_{III}, A_{IIII}, zwei Blätter ohne Signatur, B, B_{II}, B_{III} ohne Signatur, C, C_{II}, C_{III}, ohne Signatur, D, D_{II}, D_{III}, D_{IIII}, zwei ohne Signatur, E, E_{II}, E_{III}, ohne Signatur, F, F_{II}, F_{III}, ohne Signatur, G, G_{II}, G_{III}, ohne Signatur, H, H_{II}, H_{III}. O. O. u. J. und F. Mit zwei Initialen A und W auf schwarzem Grunde mit Arabesken sowie ein verschnörkeltes W.

Die angewendete Type hat mit der Peter Schoeffers II in der Wormser Prophetenausgabe folio einige Aehnlichkeit, auch ähneln sich beide Typenarten in der Grösse, jedoch finden sich auch wiederum fast bei allen Buchstaben kleine Unterschiede. Die Majuskeln des Titels ähneln den von Peter Drach III verwendeten, namentlich das W, so dass der Schluss nahe liegt, den Druck diesem Drucker zuzuschreiben.[1]

Von dem Wormser Rath in der bekannten Sickingen'schen Fehde erlassene Schutzschrift.

Worms St. Paulusmuseum, Donaueschingen, fürstenbergische Bibliothek, Aschaffenburg k. Hofbibliothek.

Merkel, Verzeichniss höchst seltener Incunabeln und alter Drucke zu Aschaffenburg S. 18 (ohne Angabe des Formats). — Weller, repertorium n. 973 (mit der Angabe folio und der Vermuthung: Mainz 1515).

2. Ausschreiben des Wormser Raths wider Sickingen. Geben... vff Dinstag nach dem Sontag Misericordia domini den vierundzweintzigsten tag Aprilis Anno domini Fünfftzehenhundert vnnd Im Fünfftzendenn.

Grossfolioblatt, etwa 3′ lang, aus drei Stücken bestehend.

O. O. u. J. und F. (1515).

München Hofbibliothek.

Weller, repert. n. 876.

---

[1] Nach dem Wormser Exemplare.

3. Vszschrybē der Stat Worms wydder | Franciscum von Sickingen. Auf dem Titel Reichsadler und Wormser Stadtwappen in Holzschnitt. Mit dem Datum 24 April 1515. O. O. u. J. u. F. (1515). Von der vorigen Schrift jedenfalls verschiedener Text.

Quarto, 14 Blätter, deren letztes leer.

München Hofbibliothek.

Weller, repertorium n. 877. — Bibliotheca Haeberliniana IV, n. 6566. — Panzer, Annalen. Zusätze 818[b].

4. ORdenung wie es auff den yetz Fürgenomenen Reichs | tag hie zu Wurmbs, mit der zerung in den offnen herbergen, Auch sunst in allñ anderu heüsern mit den zufallen = | den gesten, vnd denen so den Reichs tag besuchen jrer zerung vnd hauszzynsz halben gehalten werden soll. Durch | der Keyserlichen Maiestat grossen hoffmeyster, vnnd vnder jrer Maiestat Rethe, vnnd eins Rats der Stadt | Wurmbs verordenten fürgenommen vnnd auffgericht (ohne Punct).

Mit dem Datum: Actum Sunntag den anndern tag Decembris. Anno domini. M. D. Im Zwenntzigsten Jare.

O. O. u. J. und F. (Worms 1520). Die Bezeichnung „hie zu Wurmbs" lässt auf das Zusammenfallen des Orts des Reichstags mit dem Druckorte schliessen und gehört der Druck entweder Hans von Erfurt oder Peter Schoeffer II an.

Grossfolioblatt.

Augsburg Stadtarchiv.

Weller, repertorium n. 1618. — Abdruck in der Beilage zur (Augsburger) Allgemeinen Zeitung 1865 Juni Nr. 175 und hiernach in F. Soldan, der Reichstag zu Worms 1521. Worms 1883. 8⁰. S. 113—117.

5. Lindenblättchen POETA Lindenblättchen | DOMVM EMIT. | Roganti quis Dicasterium hoc Poeticum | luserit, Respondit AVTOR. | Οὐ πᾶς ὑς τούτω ἴσtις. | (?).

Rückseite des Titels leer.

Blatt 2 Rückseite die Stelle: Apud Vangionum Vuormatiam Anno a restituta salute M. D. XXI. Mensis Ape- | rilis die XI. |

O. O. u. J. u. F. (Worms? 1521). Verfasser ist Ulrich von Hutten, welcher auf dem Reichstage zu Worms anwesend war und dort diese Schrift verfasst haben mag.

Quarto, 7 n. gez. Blätter, Antiquatype.

Worms St. Paulusmuseum.

6. COLLOQVIVM ME | TRICVM AQVILAE CVM | Gallo. Joanne Bockenrho- | dio Vuormacien. | authore. | [1]) Mit Holzschnitt darstellend die handelnden Personen Ader und Hahn.

---

1) Johann Bockenrodius schrieb ausserdem: Admiranda quaedam poemata. Coloniae. 1533. 12 Blätter Quarto mit Musiknoten und einem Holzschnitte eine Orgel darstellend. Panzer, annales VI, 403 n. 694. Herausgeber ist Ortwinus Gratius. Wichtige Schrift für Geschichte des Orgelbaus. vgl. Catalog Antiquariat Rosenthal München XXVI, n. 1546[a]. Preis 15 Mark.

Blatt 5 Rückseite: ADVENA CVM PA | SQVILLO RHOMANO LO - | quutus, in die S. Marci, Anno &c. 36 . | Joanne Bockenrhodio Vnorma - | cien . Authore . |

Eine deutsche Uebersetzung dieser Schrift dürfte sein: Der Adler wider den Hanen. Eyn schöner lüschtbarlicher Dialogus vnd bedüttnus Römischer Keyserlicher Maiestat vnd des Künigs von Franckenreich, wie sich der Adler vber den Hanen beclagt ꝛc. O. O. 1536. Quarto. 6 Blätter, mit Titelholzschnitt: Kampf zwischen Adler und Hahn. Verfasser dieses gereimten Schriftchens ist Johannes Haselberg, der bekannte fahrende Gelehrte und Verleger zu Reichenau a. Bodensee. Möglicherweise ist auch dieser Druck ein Wormser.

Quarto. 6 Blätter. O. O. u. J. u. F. (Worms 1536).[1]
Jena Univ.-Bibl. (Th. XXXVII q. 65).
Murr, memorabilia bibliothecarum Norimberg. II, 283.

7. Newe Zeittunge des Herrn Philipsen, Printzen in Hispanie Ertzhertzogen zu Osterreich ꝛc. einreitten in die Statt Meylandt auf den XIX. tag Decembris des verschinen XLVIII. jars. Aus Italianischer Sprach in das Teutsche gebracht durch Casparn Scheidt von Wormbs.

Quarto oder Octavo. O. O. u. J. u. F. (Worms Gregor Hofmann 1549). Quelle: Unbekannt.
Anzeiger für deutsches Alterthum und deutsche Literatur XII, S. 261. — Weller, deutsche Zeitungen. S. 148 n. 188.

8. Der Todten Dantz, durch alle Stende vnd Geschlecht der Menschen, darinnen jhr herkomen vnd ende, nichtigkeit vnd sterbligkeit als in eim Spiegel zu beschawen, fürgebildet, vnd mit schönen Figuren gezieret. Mit sampt der heylsamen Artzney der Selen, Item zweyen schönen Sermonen, Die erst S. Cypriani vom sterbē, die ander S. Chrysostomi von der gedult, Noch etliche schöne tröstung dero so kranck vñ in todts nöten ligen. Im Jar M . D . LII.

Octavo, mit gereimter Vorrede und Uebersetzung von Caspar Scheidt. O. O. (Worms Gregor Hofmann 1552), Erste Wormser Auflage.
München Hofbibliothek.
Goedeke, Grundriss I, 367.

9. Der Todten = | dantz, durch alle Stende | vnnd Geschlecht der Menschen, darin = | nen jhr herkomen vnd ende, nichtigkeit | vnd sterbligkeit als in eim Spiegel | zu beschawen, fürgebildet, | vnd mit schönen Fi = | guren gezie = | ret . | * | Mit sampt der heylsamen Artzney der Se = | len, Item zweyen schönen Sermonen, die | erst S. Cypriani vom sterbē, die ander | S. Chysostomi von der gedult, | Noch ettliche schöne trö = | stung dero so kranck | vñ in tods nö = | ten ligen . | (:) | Im Jar M . D . Lvij . |

Octavo, Bogen A — P. O. O. u. F. (Worms Gregor Hofmann 1557).

---

[1] Mittheilung aus Jena.

Das einleitende Gedicht hat die Ueberschrift: Dem Christlichen Leser | wünschet Caspar Scheyt, ein | embsige betrachtung ꝛc.

Jedes Bild ist von Versen begleitet.[1]) Zweite Wormser Auflage. München Hofbibliothek.

Serapeum. 1840. S. 280. — Goedeke, Grundriss I. 367.

10. Brentius Joann. Ad Christophorum ducem Wirtenbergensem de libro quem Petrus a Soto scripsit adversus prolegomena Brentii. O. O. (Wormac.) 1557.

Quarto, 16 n. gez. Blätter.

Catalog Antiquariat Rosenthal - München 70 n. 3718. Preis 4 Mark.

11. Der Todten = | dantz, durch alle Stende | vnnd Geschlecht der Menschen, | darinnen jr herkomen vnd ende, | nichtigkeit vnd sterbligkeit als in | eim Spiegel zu beschawen, | furgebildet, vnnd mitt | schönen Figuren | gezieret. | * | Mit sampt der heylsamen Artzney der Seelen, | Item zweien schönen Sermonen, die erst S. | Cypriani vom sterben, die ander S. Chryso = | stomi von der gedult. Noch etliche schöne | tröstung dero so kranck vnnd in | todts nöten ligen. | (:) | Im Jar M. D. LX. | Rückseite des Titels leer.

Kleinoctavo. O. O. u. F. (Worms Gregor Hofmann). Schwabacher Type, mit den Signaturen A ɪɪ — Dᵥ und 53 prächtigen Holzschnitten.[2])

Worms St. Paulusmuseum, Berlin kön. Bibliothek (aus Meusebachs Bibliothek).

Catalogus bibliothecae Panzeri n. 16446. — Literarische Blätter II, 295. — Weigel Catalog VIII S. 53 n. 14. Preis 5 Thaler. — Fiorillo, Geschichte der zeichnenden Künste IV, 155. — Ebert, allgemeines bibliographisches Lexicon n. 23010. — Oberdeutsche Literaturzeitung. Jahrgang 1809. — Serapeum I, 281. — Goedeke, Grundriss I, 367 — Massmann, Todtentänze S. 41. — Sears S. 21.

Diese von Caspar Scheidt besorgten Ausgaben des Todtentanzes sind eine Uebersetzung aus dem Lateinischen direct oder dem Französischen Urtext. Lateinisch erschien das viel gelesene Werk mit dem Titel: Imagines de morte, et epigramata, è gallico idiomate à Georgio Aemylio in latinum translata. Lugduni sub scuto Coloniensi, apud Joannem et Franciscum Frellonios, fratres. 1542. Kleinoctavo. Zweite Ausgabe mit 41 Figuren nach Hans Holbein gestochen von H. Lutzelburger. Die französische Ausgabe führt den Titel: Les Simulachres et historiees faces de la mort contenant la medicine de l'ame ... A Lyon a l'escu de Coloigne, chez Jan et François Frellon frères. 1542. Kleinoctavo. Zweite Ausgabe. Die erste Ausgabe Lyon 1538 erschien 1885 zu München als Facsimiledruck.

12. Reformation, Lob vnd satzung der Musica, wie sie in der Singergesellschaft allhie zu Wormbs gehalten werden, in Reymen gestelt

---

1) Mittheilung aus München.
2) Nach dem Wormser Exemplare.

durch Caspar Scheyten Paedagogum zu Wormbs. Anno 1561. O. O. u. F. (Worms Gregor Hofmann).
Octavo.
Quelle: Unbekannt.
Allgemeine deutsche Biographie XXX, S. 727 (Aufsatz Ph. Strauchs über Caspar Scheidt). — Goedeke, Grundriss I, 367. II. Aufl. II, 456.

13. Eine von Caspar Scheidt besorgte Ausgabe der Wol gerissnen vnd geschnidten figuren Auss der Bibel. vgl. Weller, Annalen II, 377.
Quelle: Unbekannt.

Mit dieser Ausgabe hat es ähnliche Bewandtniss wie mit dem Todtentanz. Die lateinische Ausgabe hat den Titel: Icones veteris testamenti und ist mit Nachstichen nach Holbein geziert. Deutsche Bearbeitungen aus Scheidts Feder erschienen in Lyon. Wol gerissnen vnd ge- | schnidten figuren Ausz | der Bibel . | Druckermarke | ZV LYON | Durch Hans Tornesius | M . D . LIIII . |

Octavo, Bogen A — K. 78 Blätter mit 149 Holzschnitten von Salomon Bernard, nur das alte Testament enthaltend. Mit Widmung an Nicolaus Gerbel beider Rechten Doctor, unterzeichnet: Geben zů Worms den III. tag Septembers, im iar M . D . LI. E. E. gůtwilliger Caspar Scheyt von Worms . mit der Stelle: Nachdem ich euch hochgelerter herr Doctor, als ich nach mals ausz franckreich komen bin, etliche wolgerissene, getruckte figuren, so ich von Lyon mit mir gebracht hab gezeigt ꝛc.[1])

München Hofbibliothek.

Serapeum I, 280 Note. — Goedeke, Grundriss, II. Aufl. II, 456.

Andere Ausgaben sind: Wol gerissnen vnd ge- | schnidten figuren Ausz | der Bibel. | Druckermarke | ZV LYON. | Durch Hans Tornesius . | M . D . LXIIII . | Mit Randeinfassung, worin meistentheils humoristische Figuren.[2])

Octavo, nur altes Testament, Bogen A — P = 120 Blätter, mit 232 schönen Holzschnitten dem Bernard Salomon dit le Petit zugeschrieben. Unter jedem Holzschnitt ein vierzeiliger Spruch von Caspar Scheydt von Worms. Vorrede wie oben.

München Hofbibliothek.

Wol gerissnen vnd ge- | schnidten figuren Ausz | der[3]) neuwen Te- | stament . | * | Druckermarke | ZV LYON, | Durch Hans Tornesius . | M . D . LXIIII . |

Octavo, Bogen A — F. Titeleinfassung wie in vorigem Drucke, welcher mit diesem ein Ganzes bildet, ohne Vorrede Scheydts.[4])

München Hofbibliothek.

14. Der Todten- | dantz, durch alle Stende | vnd Geschlecht der Menschen, | darinnen jr herkommen vnd ende, | nichtigkeit vnd

---

1) Mittheilung aus München.
2) Desgleichen.
3) So der Druck.
4) Mittheilung aus München.

sterblichkeit als in | eim Spiegel zu beschawen, | fürgebildet, vnnd mitt | schönen Figuren | gezierett | Mit Sampt der heylsamen Artzney | der Seelen, | Item zweien schönen Sermonen ꝛc . | Im Jar M . D . L . XXIII . |

Octavo. O. O. u. F. (Worms. wenn auch vorerst das Bestehen einer Druckerei zu 1573 daselbst noch nicht erwiesen).

Wolfenbüttel (aus Helmstadt). Berlin (Sotzmann), Berlin (v. Nagler).

Serapeum I, 281. — Bruns, Beiträge III, 325. — Koch, Compendium II, 312. — Literarische Blätter II. 295 n. 9. — Catalogus bibliothecae Panzeri III, 302 n. 16446. — vgl. Serapeum VI, 230.

15. Form vnd Ordenung der Euangelischen deutzschen Messen | wie sie zu Worms gehalten wirt. O. O. u. J. u. F.

Duodez, 12 Blätter Mit Titelholzschnitt.

Worms St. Paulusmuseum.

Ein weiteres Exemplar fand sich auf dem Speicher des Heiliggeisthospitals zu Mainz, dessen Aufbewahrungsort derzeit ich nicht kenne, das aber wohl das Wormser ist.

Rheinische Blätter 1864, n. 287 S. 1147. — Lutherbibliothek des Paulus-Museums der Stadt Worms (1883) S. 54 n. 92.

16. *ΛΙΤΑΝΕΙΑ* | GERMANORVM . |

Kleinoctavo, 8 n. gez. Blätter. O. O. u. J. u. F. Lateinische Type. Enthält eine Verspottung der Litanei.

Worms St. Paulusmuseum.[1])

---

1) Ueber die Wormser Reformation 1513 und das Missale Wormatiense 1522 als Drucke Peter Drachs in Speier nicht Peter Schoeffers und die Tyndalebibel vgl Roth, Buchdruckerfamilie Schoeffer S. 158, 142 und 162.

Anlagen.

I.
Vorrede Ludwig Hätzers zu der Wormser Prophetenausgabe 1527.

„Vorred . Ludwig Hätzer begert al= | len menschen ware erkantnuss des vatters durch Jesum Christum den sun . Wer ists der jhm ettwas wolte fürnemen zü thůn oder zů lassen, on grosse forcht vñ sondere vnd'werffung seins fürnemens dē götlichen willen? Die weil Gott vnnser ewig barmhertziger vatter, der nit allweg zürnē kan, seine geschöpfft so wunderbarlich leyttet, das ja eyn ieder der aus der warheyt geborn were, in jro mitt dem propheten Jeremia sprechen möcht: O HERR, es ist in niemants willen gestellt eygne strass zů geben, der man hat sein nicht macht, aber du HERR richtest es wie es dich lustet. Also hie mit mir auch liebsten brůder im HERRN, Wie wenig hab ich mich iemalen versehen, das mich der vatter zů diser arbeyt brauchen solt, die Gotslerenden propheten helffen zů verteutschen, Aber jhener desse gnad vnd barmhertzigkeyt vber alle seine werck ist, braucht die kleynfügsten auch zů seiner maiestet herrlichkeyt, das die hochprachtlichen (sagt Paulus) zů schanden komen.

Es ist wissend wie ich gar nahet bei eym jar den propheten Maleachi v'teutscht hab, mit ausslegung Johan. Ecolampadij, darinn ich meldung thet. wo Gott hülff bewise, so wölt ich auch Jesaia mit ebengedachts Joā. Ecolampadij ausslegung verdolmetschen, diss hab ich mich nit lang darnach vndernomen zů leysten, vñ aber grosse sorg gehebt, wie ich zům ersten den text zům aller besten möchte. nach Hebraischer sprach, herfür thůn, vnd dē eynfeltigen den selbigen anzeygen. Hat es ja Gott aus gnaden (dz ich sol bekennen) also verfůgt, mir schwachen solicher mühe vnd arbeyt eynen ghülffen gesandt, Hans Dengken, der mir von Gots wegen zů willen ward, mir in disem zů verhelffen.

Lieben im Herrn also haben wir vns, nach vermögen in Gott, geůbt, vnd den ersten propheten Jesaia verteutscht, sonder alle ausslegung . Do hat es, nitt nur vns, sonder vil andre brüder mehr für gut angesehen, das wir gerad also auch mit den andern propheten fort füren zů handlen, desse haben wir vns ja nit können wideren (obs wol d' Satan gern gsehen hett) sonder můssen also thůn, vnd seltzsamlich, gar nahet, on vnser fürnemen, fort faren . Dann (Gots sei die eer, vnd die schand allweg vnser) es sich mit gewalt herauss gerissen hat, das es nit dahinden bliben ist, wider des Satans anschläg.

Nun haben wir beyd also vnsern höchsten vleiss vñ verstand, aus gnaden von Gott durch Christum entpfangen, nit gespart, Vns zů fragen, da wir Antwurt v'hofften, nit geschämpt, Keyn lesen vnderlassen, nichts veracht, sonder so vil wir vermögt trewlich dargespannt, wie vns angesehen hat zům füglichsten mögen geschehen. Dann es vns nit gar verborgen, wie wol es aufsehens dörffe zů diser argen zeit, in noch vil malen nach gültigen gescheften, vor dererley leuten, denē nichts anntttig, es schmeck dann nach jrer kuchen, Denen wir inn Gottes namen von hertzen gern jhr meynung lassen, vñ es dem vatter vbergeben, desse alle macht, des mers vnd des lands ist, der bergen vnd der büheln, des himels vñ der hell. Doch wolten wir vmb Gottes willen iederman gebetten haben, sie wöllen nitt richten, ehe vnd der handel bekant, nit stürmen, eh vnd es brenne, dann es ja bald gethon ist, alle ding schelten, vnd auffs höchst verdammen, wo es nit auf alle frag vō stund an ja sagt, aber nach thůn (lieben brūd') branch et¹) warlich mehr schaufens . Haben wirs getroffen, so sei die eer des ewig barmhertzigen vaters, d' ordenes zů aller welt schwach vñ seiner glori merung an, Haben wirs nit allenthalben nach eyns jeden verstand troffen, so gedenck eyn iedes der aussteylung der mass Gotts, Daň freilich seind Gottes gscheuck aussgeteylt, dem vil, jhem wenig, nach dē eyn ied' behaltē kan . ꝛc ꝛc ꝛc . Datum Worms an dritten tag Aprilis . M . D . XXVII . |

---

1) Der Setzer dieser Stelle konnte seinen niederdeutschen Dialect hier nicht verleugnen

Alphabethisches Verzeichniss der Wormser Druckwerke.

Alchameibüchlein. 1529. S. 31 n. 1.
Alexander, gerichtlicher Handel. 1535. S. 33 n. 7.
Anila Lunez de, regimiento. 1520. S. 29 n. 3.
Anstoz von dem Evangelischen ed. Brunfels. 1528. S. 17 n. 10.
Apologia Theobaldi Gerlachii Billicani ꝛc. 1539. S. 39 n. 11.
Articuli tredecim fidei Judaeorum ed. S. Münster. 1529. S. 22 n. 13.
Ausschreiben der Stadt Worms. 1515. S. 65 n. 2.
    „   „   „   „   1515. S. 66 n. 3.

Begriff, Eyn schöner ꝛc. 1525. S. 9 n. 3.
Bergwerksbüchlein. 1518. S. 9 n. 1.
Bericht, ein gründtlicher, ed. Schleicherszhöver. 1524. S. 23 n. 7.
Biblia beyder Allt vnd Newen Testaments. 1529. S. 18 n. 11.
Bruderschafft die volle. O. J. S. 49 n. 6.
Brunfels, von dem Evangelischen Anstosz ꝛc. 1528. S. 17 n. 10.
    „   Pandectarum veteris et novi testamenti. 1529. S. 17 n. 9.
Brunner Leonhard. Catechismus. 1543. S. 44 n. 4.
    „   „   Concordantz vnd zeyger der sprüch. 1529. S. 23 n. 14.

Catechismus ed. L. Brunner. 1543. S. 44 n. 4.
Cicero officia deutsch. 1562. S. 58 n. 4.
Clagrede des Edlen Römers Laurentii Vallensis. 1518. S. 24 n. 4.
Concordantz vnd zeyger der sprüch ꝛc. ed. L. Brunner. 1529. S. 23 n. 14.
    „   „   „   „   „   „   „   O. J. S. 25 n. 5.
Contrafactur der Margarethe Weiss. 1542. S. 32 n. 1.
Culmann, Aelii Donati de octo partibus orationis. 1547. S. 46 n. 7.

De generibus ebriosorum. Folio. O. J. S. 49 n. 5.
    „   „   „   Quarto. O. J. S. 51 n. 4.
De regno, civitate et domo dei ed. F. Lambertus Avenionensis. 1538.
    S. 36 n. 6.
Denck, Ordnung Gottes ꝛc. 1527. S. 23 n. 2.
Dischzucht gemert und gebessert. 1538. S. 37 n. 8.
Donati Aelii, de octo partibus orationis. 1547. S. 46 n. 7.

Erklerung des newen Instruments ed. S. Münster S. 22 n. 12.
Euriolus und Lucretia. (1550). S. 47 n. 1.
Eyn vrteil gottes ed. Hätzer. 1529. S. 24 n. 3.

Frau Venus. 1542. S. 40 n. 13.
Freidank. 1538. S. 35 n. 5.
    „   1539. S. 37 n. 9.

Gerlachii Theobuldi Billicani apologia. 1539. S. 39 n. 11.
Grobianus. O. J. S 49 n. 7.
„   O. J. S. 51 n. 3.
Gsangbüchlein geystliches. 1525. S. 10 n. 4.
Gyurgievits, de afflictione ꝛc. 1545. S. 45 n. 6.
Hätzer, Propheten teutsch 1527. Folio. S. 11 n. 5.
„   „   „   1527. Duodez. S. 14 n. 6.
„   „   „   1527. Sedez. S. 15 n. 7.
„   „   „   1528. Duodez. S. 16 n. 8.
„   Eyn vrteil gottes. 1529. S. 24 n. 3.
Handel gerichtlicher ꝛc. 1535. S. 33 n. 1.
Hauss Postill. O. J. S. 63 n. 9.
Heimfart, die frölich (1551—1552) S. 48 n. 4.
Homer, Ilias. 1563. S. 58 n. 5.
„   Odyssee. 1563. S. 59 n. 6.
„   Bios. 1563. S. 59 n. 7.

Jagteufel der. 1561. S. 57 n. 2.
Jesus Syrach. O. J. S. 64 n. 10.
Isenburg, Eyn schöner begriff. 1525. S. 9 n. 3.

Lamberg Hans, Rede an Karl V. 1520. S. 29 n. 2.
Lambertus Avenionensis, de regno. civitate et domo dei. 1538. S. 36 n. 6.
Lehenrecht verteütscht. 1536. S. 34 n. 2.
„   „   1541. S. 39 n. 12.
„   „   1547. S. 40 n. 14.
Liber dictus septingentae. O. J. S. 63 n. 8.
Lied, ein schön nüw. (1562). S. 63 n. 6.
Lobrede wegen des Meyen. (1551—1552). S. 48 n. 3.
„   „   „   „   O. J. S. 63 n. 7.
Lukian deutsch ed. Schenck. 1530. S. 31 n. 2.
Luther M., von christlichs standes besserung. 1521. S. 29 n. 1.
„   „   Appellacion an eyn Concilium. 1520. S. 30 n. 2.
„   „   Verhörung, rede und Widerrede. 1521. S. 30 n. 3.

Melanchthon, grammatices latinae elementa. O. J. S. 51 n. 2.
Meyengärtlein, gaistlich ꝛc. 1524. S. 9 n. 2.
Mörin. 1512. S. 24 n. 1.
„   1538. S. 36 n. 7.
„   1539. S. 38 n. 10.
Münster, Sebastian, tredecim articuli fidei Judeorum. 1529. S. 22 n. 13.
„   „   Erklerung des newen Instruments. 1529. S. 22 n. 12.
Ordnung (Reichstag zu Worms 1521). O. J, S. 66 n. 4.
„   Gottes ed. Denck. 1527. S. 23 n. 2.
Ordnungen des heiligen römischen Reichs. 1536. S. 34 n. 3.
„   „   „   „   „   1537. S. 35 n. 4.
Petrus Mosellanus, paedologia. 1548. S. 46 n. 8.
Poeta ed. U. von Hutten. O. J. S. 66 n. 5.

Propheten nach hebraischer Sprach verteutscht. 1527. Folio. S. 11 n. 5.
„   „   „   „   „   1527. Duodez. S. 14 n. 6.
„   „   „   „   „   1527. Sedez. S. 16 n. 7.
„   „   „   „   -   1528. Duodez. S. 16 n. 8.
Process, wie es soll mit den Wiedertäufern gehalten werden. (1557). S. 59 n. 1.
Psalmen, Hymni vnd geistliche Lieder. 1561. S. 56 n. 1.

Reformation der Stadt Worms. 1542. S. 42 n. 1.
„   „   „   „   1561. S. 58 n. 3.
Rimpach, apparitioni. (1520). S. 62 n. 1.
Rösslin, Eucharius, Rosengarten der Frauen. 1513. S. 25 n. 2.

Sachsenheim, Hermann von, Mörin. 1512. S. 24 n. 1.
Satzungen, Statuten und Ordnungen. 1542. S. 43 n. 2.
Scheidt, Hochzeitsgedicht. O. J. S. 54 n. 10.
Schenck, J. Lukian deutsch. 1530. S. 31 n. 2.
Schleicherszhöver. H. Ein grüntlicher bericht. 1524. S. 23 n. 1.
Schnaitpeckh, J. oratio. 1520. S. 28 n. 1.
Spangenbergii carmina ꝛc. O. J. S. 53 n. 7.
Stend des heyligen Römischen Reichs. 1521. S. 28 n. 1.

Tabula abecedariorum. O. J. S. 50 n. 1.
Todtentanz. O. J. S. 67 n. 8.
„   O. J. S. 67 n. 9.
„   O. J. S. 68 n. 11.
„   O. J. S. 69 n. 14.
Tristrant. O. J. S. 53 n. 6.
Tyrocinium. ed. Buechinger. 1558. S. 62 n. 4.

Vrcei, Rhytmus. O. J. S. 53 n. 8.
„   „   O. J. S. 54 n. 9.
Valla, Laurentius, Clagrede. 1518. S 24 n. 4.
Vergil, deutsch. 1543. S. 43 n. 3.
„   „   1545. S. 45 n. 5.
Vergilius Maro buccolica. O. J. S. 62 n. 3.

Walther, Gsangbüchlin. 1525. S. 10 n. 4.
Weiss, Contrafactur. 1542. S. 32 n. 1.
Worms, der Stadt bericht. 1515. S. 65 n. 1.
Wyle Nicolaus von, Euriolus und Lucretia. (1550). S. 47 n. 1.

Zwei schöne geistliche Lieder. O. J. S. 47 n. 2.

Nachträge und Verbesserungen.

Zu S. 8 Anmerkung 1 schalte nach Buchdruckerfamilie ein: Schoeffer.

Zu S. 9 oben ergänze: R. Musiol, Katechismus der Musikgeschichte. Leipzig 1877. S. 156. sagt zwar: „In Deutschland erschien 1511 das erste gedruckte Musikwerk: Tabulaturen (in Mainz) und 1512 druckte Peter Schoeffer zu Worms Noten", eine Behauptung, die allen Werthes entbehrt und zu den zahlreichen Verstössen gehört, die dieses Buch aufzuweisen hat.

Zu S. 11 n. 4 ergänze als Litteratur: K. S. Meister, das katholische deutsche Kirchenlied in seinen Singweisen ⁊c. lieferte einen Abdruck des Liedes: „Christ ist erstanden" aus diesem Wormser Druck. — Goedeke, Grundriss I, 158. 192. II. Auflage II, 207.

Zu S. 26 Note 1. Die Strassburger Ausgabe des Rosengartens 1513 befindet sich auch im germanischen Museum zu Nürnberg.

Zu S. 26. Weitere Erzeugnisse Peter Schoeffers II sind wohl nachstehende Drucke: Trost brieff der Christlichen kirchen | diener, zu Wormbs, an die frommen Aposteln vn̄ be | kenner Jesu Christi so itzt zu Meintz, Rin= | gaw, vnnd allenthalben im Bistum ge= | fangen liegenn, iren lieben brüdern . | Lindenblättchen | M . D . xxiiii . | Psal. V. | Du wirst die lügner vmb bringen, d' herr hat grewel | an den blutgirigen vnnd schalekhafftigen. |

Das Werkchen beginnt: Wir, võ gottes gnaden, Bischoue vn̄ eltiste der Christ | lichen gemein zu Wormbs den heyligen Aposteln vn̄ | bekennern gottes, so ietzt vmb des namé willen vnsers | herren Jesu Christi vber seinem wort in hafft vnnd to= | des geferde kommen sein zu Meintz. | Ohne jegliches Datum.

Ohne Firmaangabe schliesst die Schrift: Endet .... die gnad gottes | sei mit euch. Amen. |

Quarto, 10 n. gez. Blätter mit den Signaturen bij (statt Ajj), Ajjj, [Aiiij], B, Bij, C, Cjj, Ciij [Ciiij], ohne Custoden.

Durch das von der Verwaltung der Mainzer Stadtbibliothek mir übersandte Zuwachs-Verzeichniss der Stadt-Bibliothek zu Mainz in den Jahren 1886—1890. Mainz 1891. S. 99 ward ich auf diesen Druck aufmerksam und erhielt durch die Gefälligkeit des Herrn Oberbibliothekars Dr. Velke vermittelt durch Herrn Dr. H. Heidenheimer die briefliche Mittheilung, dass nach eingehender Vergleichung der Typen des Trostbriefs mit dem in der Mainzer Stadtbibliothek vorhandenen mit Firma versehenen Druck Peter Schoeffers: Erklerung des newē Instruments ꝛc. 1529 höchst wahrscheinlich dieser Druck Peter Schoeffer II angehöre.

Mainz Stadtbibl.

Im Jahre 1892 erwarb ich einen Druck, der der Type nach ebenfalls Peter Schoeffer angehören dürfte. Da derselbe für die Geschichte der Stadt Worms von hoher Bedeutung ist, lasse ich denselben als nie in seiner Originalorthographie bis jetzt herausgegeben folgen.

Titel: Den lieben bertffe | uen vnnd glaßbien kindern | gottes, allen Christen zū Wormbs meinen lie | ben herren, freūn | den vnd brü= | dern jnn | Chri= | sto . | Mit herrlicher Randeinfassung in Metallschnitt, sechs Stöcke in Renaissancemanier, unten arbeitende Bauern auf dem Felde, rechts Schaafe. Rückseite leer.

Seite 3: GNade vund fried in Christo | vnuszerm heyland. Wir habenn vonn euch | lieben herren vnd frunde in Christo, mit freū | den gehört . wie Got der vatter vnsers her= | ren Jesu Christi, auch bey euch, vnnd vber euch, hat lassen auffgehen das herlich liecht seyner guade. vnd den glantz der erkentnyss seins selbs, durch seinen Son Jesum Christum, durch welchen wir versünet. fried haben mit got in frölichem gewissen von allen vnsern vorigen stündē, vnd falsch gelobten gütten wercken, auff welche wir durch die Apostel der finsternyss, vnd prediger Belial, so jemerlich verfüret sindt . bissher derhalben wir vns vber euch, vnd mit euch frewen, vund das opffer des lobes vnd dancks. Got dem vatter aller barmhertzickeit von hertzē opffern vnd bittē, das der Got der solichs beyde in euch vnd vns angefangen hatt, wolle seine herlickeit auch an vns allen biszs aus ende mehren vnd behalten, aüff das wir seyner gnaden nottwes werck, on straff vnd taddel erfundē werden an jhenem tage. Amen.

UNd das wir das vnser auch darzū thūn, syntemall wir einerley gaben vnd geysts theylhafftig worden sindt, vnd jnn gemeynem gūt wonen, sollen vnd wollen wir eyns dem andern die handt reychen. vnd mit stedtter ermanung anhaltē, vnd vns vnter einander reytzen vū erwecken, den glaißben, so vnus geben ist, durch die liebe krefftig vnd thettig zū machen. Auff das wir nicht mit der zeyt laszs vnd siecher werden. Zu letzst anch, das hohe werdes, heylsames wort des Euangelij faren lassen, vnd ein ekel darob gewynnen . wie die Jüden ju der wüsten ob dem teglichen Manna vberdrüssigk worden, als ge= | Seite 4 | schriebē stehet. Jr sele war vberdrissig vber allerley speyss . do mit kamen sie hart an das tods thor . Wie auch sehen etzlich der vnsern vberdrissigk werden, welche am new widerkomend Euāgelio nūr den fürwitz, als an einer newe zeyttung gebüsset, vnd mit fleyschlicher andacht darauff hitzigklich fielen.

Aber wir lieben brüder, nach dem wir soliche tück dess leydigen feynds wissen, sollen wacker sein, vnnd vns den faulen vberdrutz nicht lassen erschleychen, als hetten wir des Euangelio nū gnūg, vnd wüstens alles, vnnd nach newer andern geschwetz vnd frage, trachten wie da thūn denen die oren itteken, vnd von der warheit auff die merlin sich wenden, deñ sie fülen jre nott nicht, noch die ferlichen strich des sathanas, darumb achten sie das täglichs brots nicht groszs, vnd süchen, wo die fleysch töpffen vnd knoblauch jnn Egypten bleyben.

Jr aber lieben brüder . seyt besonders wol nottürfftig, das jr hart an dem euangelio der gnaden hanget, vñ vil arbeyter in der erndten habet, deñ jr wonet wie Ezechiel vnter den Scorpion, vnd mit der Braūt vnter den dörnen wie ein rosze . die nit alleyne mit jrem verfürischen schein des ertichten gottes diensts, etich ergernysz allenthalben in den wege legen, sondern auch mit beyderley gewalt, jr falsche menschliche lere etich eindrawen vnd eyntreybe, wiewol sie nicht mehr vermügen auff zubringen, deñ das sey so herkomen vnd also gewonet sindt, vnd vil mit jenen in aller welt halte, So doch vnser ein kleyn newes hettfflein sey, bey welchen mit zuuermūten sey, die warheit zū seyn, sondern bey jrem alte grossen hauffen, das ist jrer vetter stym auch allzeyt geweszen. Weñ ein Prophet | Seite 5 | von newen erweckt wörde vnd võ gott käm, müste er diese einrede hören. Ey, das gesetz kan den preestern nit felen, noch der radt den alten, noch das wort den Propheten . Hieremi . Also müstenn die propheten ymer vnrecht haben weyl sie anders lereten dañ jr vorige prophetē priester vnd eltisten geleret vnd gehalten hätten vor langer zeytt heer.

Obs nūn etich vnd vnss auch so gehet, sal vns nicht wündern, sondern dester mehr stercken, weil wir sehen vñ greiffen, das vns vber dem wort gottes eben so gehet wie es den propheten vñ aposteln gangen ist, den auch Christus selbs, weyl er anders leret, deñ jr schrifftgelerten von alters heer hätten, müste er ein verfürer des volcks vor für Pylato gescholten werden. Widder vmb sehen wir, das sie eben thūn, eben die selbe eynrede wider vns fūren, diejhene auch wider die heiligē propheten fūrte . Das wir billich vns frewen sollen vnnd gott dancken, das wir den Propheten vñ Aposteln auch Christo selbs so gleich vnd enhenlich sindt. Den wir wissen yhe. Das wir gotes wort fur vns habē, das auch die feinde nicht letteken. So wiszen wir auch das sie menschen wort vñ allein alte gewonheyt der menge fur sich haben, welchs sie auch selbs bekennen.

So seyt nū, vest lieben brūder, bawet vnd tröstet euch vntereinander in gottes krafft. Das ist mit gottes wort, das alles vberwindet, vnd seyt gewisz das der trost Christi euch auch angehet . do er spricht Luce. 6. Selig seyt jr, wen euch die leuth hassen vnd thůn euch von sich vnnd spotten euch, vnd verwerffen eweren namen als ein böszen, vmb des meschen sons willen, deñ also habe jre vätter den propheten auch gethon, vnd weil sein eygen son, solichs hat müssen leiden, wills wol dabey bleiben. Das er | Seite 6 | sagt. Der knecht ist nicht mehr dan sein herr. habē sye den hauszuatter Beelzebub geheyssen viel mehr werden sie dz thun seinem hausgesind Was ausz got kompt, dem musz die welt feint sein, da wirt nicht anders ausz, vñ wo es die welt nicht hasset noch verfolget, so ists gewisz nicht vonn got. wie Christus selbs sagt. Weret jr von der welt so lieb jr die weltt das jre. Weil jr aber nicht vonn der welt seyt, sond' ich hab euch erwelet ausz der welt drumb hasset euch die welt. Aber seit getröst Ich hab die welt vberwunden, In der welt werdet ir not haben, In mir aber den friedē.

Der selb vnser heylant vnd herr Jesus Christus stercke euch sampt vns in seinem heiligen liecht zu lob vnd eren seines heiligen namens in ewigkeit. Amen. Bittet fur vns lieben brüder . vnd last euch her Mauren vnd Friderichum befollen sein . vnd welche sollichs berűffs vnd gnaden sindt. Den sie künden in Christo euch allenthalbenn reichlich trösten vnnd vnterweyssen wasz got wolgefellet. Gnad vñ fried sey mit euch zu Wittenberg, am tag Bartholomej. 1523.

Martinus Luther Eccle |
siastes Wittenburgeñ. |

Quarto, 4 Blätter, deren letztes leer, 32 Zeilen Schwabachertype auf voller Seite, der Brief bildet Blatt 2—3. Die Type ist bis auf wenige Abweichungen die grosse Schwabacher P. Schoeffers.

Luther sandte diesen Brief selbstverständlich als Autograph an die Wormser lutherische Gemeinde, die ein Interesse daran haben musste, denselben unter ihren Mitgliedern und auch anderwärts zu verbreiten. Die Stadt bot damals an Peter Schoeffer einen Buchdrucker und liegt der Druck auch in dieser Weise als Wormser Erzeugniss sehr nahe.

Ehedem in meinem Besitz (jetzt Worms St. Paulusmuseum durch Ankauf), Augsburg und München.

Weller, repert. n. 2494 (mit etwas abweichenden, jedenfalls falschen Angaben). Der Brief ist fehlerhaft abgedruckt in der Erlanger Ausgabe der Schriften Luthers, Lesarten dazu lieferte Pfarrer Dr. Enders in dem Briefwechsel Luthers IV, 216.

Zu S. 36 n. 5. Die Freidankausgabe 1538 auch zu Strassburg Univ.-Bibl. vorhanden.

Zu S. 37 n. 9. Desgleichen.

Zu S. 39 schalte ein: DEs heyligen Rö= | mischen Reichs | Ordnungen ...... Zu Wormbs truckts Sebastianus | Wagner | im 1541. jar. | Folio.

Mainz Stadtbibl. (* K. 60).

Zu S. 45 n. 5. Auch im germanischen Museum zu Nürnberg vorhanden.

Zu S. 66 Note ergänze: Johannes Bockenrodius verfasste auch eine Elegie auf den Tod des Wormser Bischofs Reinhard, der 1523 resigniert hatte und 1533 starb. Hs. 1317 in der Münchener Hofbibliothek, die noch andere Verse über Ereignisse in Worms von Bockenrodius enthält. vgl. Falk, Geschichtsblätter S. 254.